國學初階

國學發微

劉師培◎著

張京華◎點校

華東師範大學出版社

圖書在版編目(CIP)數據

國學發微 / 劉師培著. -- 上海：華東師範大學出版社, 2015.6
  (國學初階)
  ISBN 978-7-5675-3775-0

  Ⅰ. ①國… Ⅱ. ①劉… Ⅲ. ①國學－研究 Ⅳ. Z126

中國版本圖書館CIP資料核字(2015)第144808號

國學初階

國學發微

著　　　者	劉師培
點 校 者	張京華
特約編輯	黄曙輝
項目編輯	龐　堅
封面題簽	徐令儀
裝幀設計	盧曉紅

出版發行	華東師範大學出版社
社　　址	上海市中山北路3663號　郵編 200062
網　　址	www.ecnupress.com.cn
電　　話	021-60821666　行政傳真 021-62572105
客服電話	021-62865537
門市（郵購）電話	021-62869887
地　　址	上海市中山北路3663號華東師範大學校内先鋒路口
網　　店	http://hdsdcbs.tmall.com
印 刷 者	蘇州工業園區美柯樂製版印務有限公司
開　　本	787×1092　32開
印　　張	3
字　　數	61千字
版　　次	2015年8月第1版
印　　次	2015年8月第1次
書　　號	ISBN 978-7-5675-3775-0/B・958
定　　價	15.00元
出版人	王　焰

（如發現本版圖書有印訂品質問題，請寄回本社市場部調换或電話021-62865537聯繫）

目 録

整理弁言 …………………………………………… 一
作者原序 …………………………………………… 七
正文 ……………………………………………… 九

# 整理弁言

昔章太炎嘗云："夫國學者，國家所以成立之源泉也。吾聞處競爭之世，徒恃國學固不足以立國矣，而吾未聞國學不興而能自立者也。吾聞有國亡而國學不亡者矣，而吾未聞國學先亡而國仍立者也。"（《國學講習會序》）

許守微亦云："是故國有學則雖亡而復興，國無學則一亡而永亡。何者？蓋國有學則國亡而學不亡，學不亡則國猶可再造。國無學則國亡而學亡，學亡而國之亡遂終古矣。"（《論國粹無阻於歐化》）

劉師培所著《國學發微》，先在《國粹學報》連載，自第一期至第十四期，及第十七期、第二十三期，共十六次，始於光緒三十一年（1905）正月，止於光緒三十二年（1906）十月，署名劉光漢。劉師培卒於民國八年（1919），至民國二十五年（1936），寧武南桂馨刻成《劉申叔先生遺書》七十四種七十四册，《國學發微》重新校勘排印，合爲一册，書首署名"儀徵劉光漢申叔"。臺灣國民出版社、大新書局、廣文書局和華世出版社，分別於 1959、1965、1970、1975 年影印出版了單行本。

《國學發微》全書近五萬字，前有劉師培短序，無目錄，正文只分段，無章節標題。旁徵博引，多小字夾註。《國粹學報》連載最後一期文末注明"未完"，但所述已到明代。清代於作者當時爲"本朝"，故雖有未加銓評之可惜，而全書亦可視爲大體完備。

案劉師培《國學發微》一書，與國學保存會及《國粹學報》同時俱起，較之章太炎創辦國學講習會、出版《國學振起社講義》更早，大約總歸近代最早一批國學著作。其書以時代爲先後，以經學爲主線，始於唐虞，而詳於孔子，下及諸子九流，而後兩漢，而後魏晉，而後南北朝，而後隋唐，而後宋，而後元，而後明。詳於南朝以上，唐宋以下則較略，不及全書篇幅三分之一，此非出於詳古略今，蓋由於作者心得所在，偏在漢學、子學而然。

《國學發微》不言史學，亦不言詩文。在撰寫《國學發微》前後，劉師培還有另外幾篇著作《周末學術史》、《兩漢學術發微論》、《漢宋學術異同論》和《南北學派不同論》等，大體均以"學術史"爲主題。另外還有爲國學保存會編寫的五種"國學教科書"《倫理教科書》、《經學教科書》、《中國文學教科書》、《中國歷史教科書》、《中國地理教科書》，其中《經學教科書》第一册的内容與《國學發微》尤其相近。這些著作的撰寫時間與内容主題皆相互交錯，而《國學發微》的性質也向"學術史"與"經學史"靠近，是爲此書的一大特點。

雖然《國學發微》書中没有爲"國學"概念下一定義，但就全書傾向可見，大約作者認爲可以擔當"國學"之名的，只是經學。清末民初，學者是較爲自然地將以經學爲主的古典學術轉入到了"國學"之中，正對應了國體的從滿清轉入民國；國體的轉換使得滿人退出政治，而學術的轉換則使古典學術得以保存下來，正所謂國亡而學術不亡。《國學發微》正是反映了清末民初"國學"初興階段的這樣一種理念，這與民國中"部令"開設國學課程而學者急編國學教材，必先斟酌商榷"國學"概念，而後填充相應内容的做法，完全不同。

相傳劉師培數年後有依託滿人端方與至北京參與籌安會之失，甚者謂其"變節"，其説皆出蔡元培、章太炎諸人之口,而是非皆隨當日之政見而轉移。或者當辛亥前後,劉師培殆已有悟於種族與文化之分野,而深察黨人之"不知道德爲何物"(《上端方書》之二)。端方"文章政事頗絕倫"(王國維詩句),而袁項城尊孔祭孔。章太炎至中年以後有"絕口不談詆孔"之變,晚年以後有"讀經有利而無弊"之論,而臨終尚未及見日本之欲亡中國之國。蔡元培卒於盧溝橋事變後,已見日本之欲亡中國之國,而臨終尚未及見俄國之欲亡中國之天下。蔡氏晚年違離大陸,播越孤島,逝世之年與主編《劉申叔遺書》之錢玄同前後相接,臨終之際,安知未有如錢氏之"治學迷途之歎"與"重起爐灶之用心"(錢穆語)?

劉師培承四世家學,向以經學專家著聞。即如《國學發微》所稱引之"先曾祖孟瞻先生(劉文淇)"《左傳舊疏考正》,"先祖伯山先生(劉毓崧)"《周易舊疏考正》、《尚書舊疏考正》,皆歷歷可見。劉師培又受章學誠、魏源、龔自珍影響,主張"古學出於史官",故於諸子學亦多辟見。其學術重在古文而不輕今文,重在漢學而不輕宋學,重在兩漢而不輕元明,重在經學而不輕玄學、佛學,其視野又兼及西學而長於衡量,其立意又亟於求新而長於制斷,故立言中肯,勝義層出,一時推爲學界翹楚。

但《國學發微》也稍有弊短。如劉師培稱道南朝之梁代爲"哲學大昌之時代",而歎惋"南朝玄學一蹶而不復振興";論及"中邦學術統一之期"的隋唐,却對承接自南朝的孔穎達《五經正義》多加否定,批評其"輕北而重南,傳南而遺北"。若準一時代有一時代之情勢而言,稍覺失之主觀。且下語多苛求,既責孔穎達"不能全用漢人章句",又譏其"長於引徵,寡於裁斷";既責其"乾没舊疏"、"無一心得",又譏其"專主一家"、"師心自用"。甚至認爲成伯璵、趙匡、啖助、陸淳、盧仝、韓愈、李翱等"唐人説經之穿鑿",是由於"孔氏《正義》之反動力";乃至宋代邢昺《爾雅》、《論語》、《孝經》三疏"以空言相演",也是由於"孔氏啓之"。《五經正義》以後之經學,或同或異,均歸過於孔穎達,便有强辭定罪之嫌。又論唐人學術,上節譏評其不能撰述,稱《括地志》只是地學之類書,《通典》只是史學之類書,而下節稱道唐人之學可以成立者數端,地志舉魏王泰輯《括地志》,政典舉杜佑作《通典》。大約其立言已存"學術既歸於統一,以遏人民之思想"之成見,遂爲當時之政見所左右而成扞格。

劉師培治學門徑,與章學誠關係甚大。《國學發微》自序云:"詮明舊籍,甄別九流,莊、荀二家尚矣,自此厥後,惟班《志》集其大成。孟堅不作,文獻誰徵?惟彥和《雕龍》論文章之流別,子玄《史通》溯史册之淵源,前賢傑作,此其選矣。近儒會稽章氏作《文史通義》内外篇,集二劉之長,以萃匯諸家之學術,鄭樵以還,一人而已。予少讀章氏書,思有賡續。"開口即是實齋家風,結語更直陳對章氏之傾慕。

案清末民初學者著述,陳義最精,紛見疊出,讀之使人目不暇接,驚其所自來,首推劉師培。同時孫德謙、張爾田、江瑔,稍後劉咸炘,著述皆相類似,大抵源出章學誠。蓋治學亦如觀戲,戲之前臺有演者,有觀者,演者觀者皆自沉於戲中,而别有一種人,專能窺視後臺,得見演者之本來身份,及其種種裝飾,如今日所謂"拍攝花絮"。此種情形在今日爲常見,甚至有吸引觀衆超過正式出品者,而在古代則向不以示人,演戲之外,一切技藝、文章、學術,率皆只出産正品。而章學誠一派治學途徑,恰是窺視後臺,即嚴復、林紓、朱一新所謂

"打破後壁"(曾國藩、李鴻章亦有此語)、顧頡剛所謂"打破'遮眼的鬼牆'"之意。由此而有許多溯源,討論許多家法,推測許多"内部分工程式"。既爲"幕後新聞",故有無窮話説,因此引人入勝也。此種學問途徑,不啻將戲臺翻轉給人看,故而能夠就根本處推究全局,出入内外,縱橫捭闔,重新佈置。

但此舉亦有弊,究竟以後世之身,測古人之心,故戒之在妄。故葉長青責其"多涉史藩,而疏於經傳,學不足以逮厥志,又過辯求勝,喜用我法"(《文史通義注·自叙》)。章太炎尤直言"漁仲《通志》、實齋《通義》其誤學者不少","若讀書博雜,素無統紀,則二書適爲增病之階",又譏學者"有子已冠,未通文義,遽以《文史》、《校讎》二種教之,其後抵掌説《莊子·天下篇》、劉歆《諸子略》,然不知其義云何"(《與人論國學書》)。蓋"打破後壁"本爲非常之舉,未可尋常模仿,震其新奇,播爲風氣,則難免流弊,章太炎、葉長青二人蓋能先見之者。

今日學術承其流弊,大抵以時論意見爲主,必窺後壁,而不入戲中。余嘗論"經學"爲王官學,王官學即國家學術;"國學"雖爲新名詞,而顧名思義其定義亦即國家學術,如章太炎所云"國家所以成立之源泉也"。故經學與國學實爲二名一體,皆有國家學術之實質。彼以國學爲文史哲、爲儒道釋,爲一級學科、爲訓詁考據者,豈不外乎?

本書整理,以民國二十五年甯武南氏《劉申叔先生遺書》爲底本,以《國粹學報》核校。《國粹學報》訛誤不少,《遺書》經李泰棻、鄭裕孚核校,多有更正,但仍有若干訛誤,且偶有新增誤排。2006年鄔國義、吳修藝編校《劉師培史學論著選集》,内有《國學發微》一種,全用《遺書》本標點排録,不作校記,2013年萬仕國點校《國學發微(外五種)》亦同,故猶沿襲舊誤。今以《遺書》、《國粹學報》二種互校,共得180餘條。

張京華

於湖南科技學院國學研究所

作者原序

序曰：詮明舊籍，甄別九流，莊、荀二家尚矣。自此厥後，惟班《志》集其大成。孟堅不作，文獻誰徵？惟彥和《雕龍》論文章之流別，子玄①《史通》溯史冊之淵源，前賢傑作，此其選矣。近儒會稽章氏作《文史通義》內外篇，集二劉之長，以萃匯諸家之學術，鄭樵②以還，一人而已。予少讀章氏③書，思有賡續，惟斯事體大，著述未遑。近撰一書，顏曰《國學發微》，意有所觸，援筆立書，然"陳言務去"，力守韓氏之言，此則區區之一得也。

---

① "子玄"，《國粹學報》作"子元"，避清諱。
② "鄭樵"，《國粹學報》誤作"鄭焦"。
③ "氏"，《國粹學報》誤作"代"。下"韓氏"亦誤。

近世巨儒推六藝之起原,以爲皆周公舊典,章氏實齋之說。吾謂六藝之學實始於唐虞。卜筮之法,出於《周易》。而《虞書》有言"枚卜功臣",又曰"卜不襲吉",則《易》學行於唐虞矣。夫子删《書》,始於唐虞,即《堯典》以下諸篇是也,則《尚書》作於唐虞矣。《息壤》之歌作於堯世,《南風》之曲歌於舜廷,則《風詩》賡於唐虞矣。虞舜"修五禮",即後世吉、凶、軍、賓、嘉之禮也;伯夷"典三禮",即後世天、地、人之禮也,則古禮造於唐虞。后夔典樂教胄,特設樂正專官,而《韶樂》流傳至周未墜,則樂舞備於唐虞。《周禮》外史"掌三皇五帝之書",五帝之書即唐虞之史也,則《春秋》亦昉於唐虞。蓋孔子者,集六藝之大成者也,而六藝者,又皆古聖王之舊典也,豈僅創始於周公哉?

《史記》言孔門弟子"通六藝者七十二人",又曰世之"言六藝者折衷於夫子,可謂至聖矣"。夫六藝者,孔子以之垂教者也,然例之泰西教法,虛實迥別,學者疑焉。予謂六藝之學,即孔門所編訂教科書也。孔子之前已有六經,然皆未修之本也,自孔子删《詩》《書》,定《禮》《樂》,贊《周易》,修《春秋》,而未修之六經易爲孔門編訂之六經。且六經之中,一爲講義,一爲課本。《易經》者,哲理之講義也;《詩經》者,唱歌之課本也;《書經》者,國文之課本也;兼政治學。《春秋》者,本國近事史①之課本也；近日泰西各學校歷史一科，先授本國，後授外史，而近代之事較詳，古代之事較略。孔子爲魯國人，故編魯史，且以隱公爲始也。《禮經》者，倫理、心理之講義及課本也；《儀禮》爲古《禮經》，大抵爲孔門修身讀本，而《禮記》《禮運》、《孔子閒居》、《坊記》、《表記》諸篇，則皆孔門倫理學、心理學之講義也。《樂經》者，唱歌之課本此樂之屬於音者。及體操之模範也。此樂之屬於舞者。是爲孔門編訂之六經。然六經之書，舍孔門編訂諸本外，另有傳本，如墨子等所見之六經是也。見《墨子》書中。至於秦漢所傳六經，悉以孔門删訂本爲主，故史公言"六藝折衷於夫子"也。折衷者，即用孔子删定本之謂也。自孔子删訂之本行，而六經之眞籍亡矣。

孔子學術古稱儒家，然九流術數諸學孔子亦兼通之。觀《漢書·藝文志》之叙名家也，引孔子"必也正名"之語；叙縱橫家也，引孔子"誦《詩》三百，使於四方，不能專對"之言；叙農家也，引孔子"所重民食"之詞；叙小説家也，引孔子"雖小道，必有可觀"之文；叙兵家也，引孔子"足食，足兵"之説，以證諸家之學不悖於孔門。然即班《志》所引觀之，可以知孔子不廢九流矣。且孔子問禮於老聃，則孔子兼明道家之學；作《易》以明陰陽，則孔子不廢陰陽家之學；言"殊塗同歸"②，則孔子兼明雜家之學；言"審法度"，則孔子兼明

---

① "近事史"，《國粹學報》同。疑當作"近世史"。
② 《易經·繫辭下傳》原文作："天下同歸而殊塗。"

法家之學;韓昌黎言孔墨兼用①,則孔子兼明墨家之學。故孔學末流亦多與九流相合,田子方受業於子夏,子方之後流爲莊周,而孔學雜於道家;禽滑釐爲子夏弟子,治墨家言,而孔學雜於墨家;告子嘗學於孟子,見趙岐《孟子注》。兼治名家之言,而孔學雜於名家;荀卿之徒流爲韓非、李斯,而孔學雜於法家;陳良"悦孔子之道"②,其徒陳相"有爲神農之言"③,而孔學雜於農家;曾子之徒流爲吳起,而孔學雜於兵家。由是言之,孔門學術大而能博,豈儒術一家所能盡哉?昔南郭惠子告子貢曰:"夫子之門何其雜也!"嗚④呼!此其所以爲孔子歟?

古代學術操於師、儒之手。《周禮》太宰職云:師"以賢得民",儒"以道得民",⑤是爲師、儒分歧之始。儀徵阮先生雲臺曰:"孔子以王法作述,道與藝合,兼備師儒。"《國史·儒林傳序》。吾謂阮説甚確。孔子徵三代之禮,訂六經之書,徵文考獻,多識前言往行,凡《詩》《書》六藝之文皆儒之業也;孔子衍心性之傳,明道藝之蘊,成一家之言,集中國理學之大成,凡《論

---

① 韓愈《讀墨子》原文作:"孔子必用墨子,墨子必用孔子。"
② 《孟子·滕文公上》原文作:"陳良,楚產也,悦周公、仲尼之道。"
③ 《孟子·滕文公上》原文作:"有爲神農之言者許行","陳良之徒陳相與其弟辛負耒耜而自宋之滕","陳相見許行而大悦"。
④ "嗚",《遺書》誤作"鳴",徑改。《國粹學報》不誤。
⑤ 二"民"字,《遺書》、《國粹學報》均誤作"名",徑改。《周禮》原文作"民"。

語》、《孝經》諸書《論語》、《孝經》皆孔子倫理學、政治學之講義也。皆師之業也。蓋述而不作者爲儒之業，自成一書者爲師之業。曾子、子思、孟子皆自成一家言者也，是爲宋學之祖；"立身行道"，曾子之學也。"君子不可以不修身，思修身不可以不事親"，傳爲子思之學。"事孰爲大？事親爲大；守孰爲大？守身爲大"，傳爲孟子之學。《曾子》十篇存於《大戴禮》，《中庸》、《坊記》、《緇衣》存於《小戴禮》，取之以合孟子，而孔、曾、思、孟之傳定矣。此宋儒學術之祖也，然皆曾子之傳。子夏、荀卿皆傳六藝之學者也，是爲漢學之祖。故孔學者，乃兼具師、儒之長者也。孟子言孔子"集大成"，殆以此與？

班氏之言曰："時君世主，好惡無方，是以九家之説蠭起並出"[①]，由班《志》所言觀之，則諸家學術悉隨時勢爲轉移。昔春秋時，世卿擅權，諸侯力征，故孔子譏世卿，見《公羊》。惡征伐；如《春秋》於諸侯征伐必加譏貶是也。墨子明尚賢，著《非攻》，皆救時之要術，而濟世之良模[②]也。雖然，孔、墨者，悲天憫人之學也。殆其説不行，有心人目擊世風日下，由是閔世之義易爲樂天，如莊、列[③]、楊[④]朱之學是也。及舉世渾濁，世變愈危，憂時之士知治世之不可期，由是樂天之義易爲厭世，如屈、宋之流是也。而要之皆周末時勢激之使然。雖

---

① "無方"誤，《漢書·藝文志》原文作："時君世主，好惡殊方，是以九家之術蠭出並作。"
② "模"，《國粹學報》作"漠"。疑當作"謨"。
③ "列"，《國粹學報》誤作"烈"。
④ "楊"，《國粹學報》誤作"揚"。

然,此皆學術之憑虚者也,有憑虚之學即有徵實之學。戰國之時,諸侯以併吞爲務,非兵不能守國,由是有兵家之學;非得鄰國之援助則國勢日孤,由是有縱橫家之學;非務農積粟不能進攻,由是有農家之學。是則戰國諸子皆隨時俗之好尚以擇術立言,儒學不能行於戰國,時爲之也,法家、兵家、縱橫家行於戰國,亦時爲之也。墨子言:"國家昏亂,則語之尚賢、尚同;國家貧,則語之節葬;國家喜音沉湎,則語之非樂、非命;國家淫僻,則語之尊天事鬼;國家務奪侵凌,則語之兼愛、非攻。"①此戰國學術之最趨時者也,然學術之趨時者亦不僅墨學一家也。古人謂學術可以觀時變,豈不然哉!

宋儒陸子静有言:"獨立自重,不可隨人脚跟,學人言語。"而周末學術則悉失獨立之風。古禮有言:"必則古昔,稱先王。"儒家者流力崇此説,如孔子曰"述而不作,信而好古","非先王之法言不敢道",《中庸》曰"仲尼祖述堯舜,憲章文武",孟子曰"遵先王之法而過者,未之有也"。即諸子百家亦然。如墨子託言大禹,《莊子》稱墨子之言曰"不以自苦爲極者,非禹之道"②,孫淵如作《墨子序》亦言墨學出禹。老子託言黄帝,故世亞稱"黄老"。許行託言神農,以及兵家溯源於黄帝,醫家託始於神農,與儒家託言堯舜者正相符合。蓋諱其學術所自出,而託之上古神聖以爲名高,此雖重視

---

① 《墨子·魯問》原文作:"國家昏亂,則語之尚賢、尚同;國家貧,則語之節用、節葬;國家憙音湛湎,則語之非樂、非命;國家淫僻無禮,則語之尊天、事鬼;國家務奪侵凌,即語之兼愛、非攻。""湎",《國粹學報》誤作"酒"。

② 《莊子·天下》原文作:"以自苦爲極,曰:不能如此,非禹之道。"

古人之念使然，亦由中國人民喜言皇古，非是則其説不行，自是以還，是古非今，遂成習尚矣。

《韓非子·顯學篇》有言："孟、墨之後，儒分爲八，墨分爲三"①，而《荀子·非十二子》所言，有"子游②氏之賤儒"，有"子夏氏、子張氏之賤儒"，《莊子·天下篇》亦云："相里勤③之弟子④五侯之徒，南方之墨者⑤苦獲、己⑥齒、鄧陵子之屬，俱誦《墨經》，而倍譎不同，相謂別墨。"又言："以堅白同異之辯相加，以觭偶不經之辭相應。"⑦觀於諸子之言，則儒、墨之道源遠益分，失孔、墨立言之旨，即有傳⑧之勿失者，亦鮮發揮光大之功，此學術之所以益衰也。

《荀子·非十二子篇》論諸子學派頗詳，即荀子所言觀之，知周末諸子之學派多與西儒學術相符，比較而觀，可以知矣。荀子之言曰："縱情性，安恣睢，禽獸行，不足以合文通治；然而其持之有故，其言之成理，足以欺惑愚衆。是它囂、魏牟也。"案它囂、魏牟蓋道

---

① 《韓非子·顯學》原文作："孔、墨之後，儒分爲八，墨離爲三。"
② "游"，《國粹學報》誤作"遊"。
③ "勤"，《國粹學報》誤作"勒"。
④ "弟子"，《莊子》作"子弟"。
⑤ "墨者"，《遺書》、《國粹學報》均誤作"儒者"，徑改。《莊子》原文作"墨者"。
⑥ "己"，《國粹學報》作"已"。
⑦ 《莊子》原文作："以堅白同異之辯相訾，以觭偶不仵之辭相應。"
⑧ "傳"字誤脱，據《國粹學報》補。

家之派也,而尤近於莊、列,荀子稱其"縱情性,安恣睢",其語雖爲過實,然足證此派學術以趨樂去苦、逍遙自適爲宗,故流爲放浪。吾觀希臘人伊壁鳩魯創立學派,專主樂生,以遂生、行樂、安遇、樂天爲主,而清净節適,近於無爲;近世英人邊沁繼之,遂成樂利學派,殆它囂、魏牟之流亞也。荀子又曰:"忍情性,綦谿利跂,苟以分異人爲高,不足以合大衆,明大分;然而其持之有故,其言之成理,足以欺惑愚衆,是陳仲、史鰌也。"按陳仲、史鰌蓋墨家、道家二派相兼之學也,"忍情性,綦谿利跂"近於墨子之自苦,"以分異人爲高"則又與墨子兼愛相違,而近於楊朱爲我、莊、列遯世之説矣。至若以谿刻自處,尤與關學一派①相同。吾觀希臘人安得臣倡什匿克學派,以絶欲遺世、克己勵行爲歸,貧賤驕人,極於任達,而印度婆羅門教亦以刻厲爲真修,殆陳仲、史鰌之流亞也。荀子又曰:"不知壹天下、建國家之權稱,上功用,大儉約而僈差等,曾不足以容辨異、縣君臣;然而其持之有故,其言之成理,足以期惑愚衆,是墨翟、宋鈃也。"按墨翟、宋鈃皆墨家之派也,"上功用,大儉約而僈差等"即尚賢、節用、尚同、兼愛之説。吾觀西人當希臘、羅馬時,有斯多噶學派,以格致爲修身之本,以尚任果、重犯難、設然諾教人,與《墨子》首列《修身》諸篇而復列《經》上下

---

① "派",《國粹學報》作"泒"。下文"派"亦多作"泒"。泒、派古多通用。

各篇者同一精義,而墨子弟子亦流爲任俠,尤與斯多噶同;至佛教"衆生平等"之說,耶教"愛人如己"之言,亦墨翟、宋銒之流亞也。荀子又曰:"尚法而無法,下修而好作。上則取聽於下,下則取從於俗,終日言成文典,反紃察之則倜然無所歸宿,不可以經國定分;然而其持之有故,其言之成理,足以欺惑愚衆,是慎到、田駢也。"按慎到、田駢皆由道家入法家,所謂"老莊之後爲申韓"也。其曰"尚法而無法"、"倜然無所歸宿"者,指法家未成學派時言也,然觀"終日言成文典"一言,則已近於申韓任法爲治者矣。吾觀西人之學,以法律學爲專門,奧斯丁之言曰:"法律者,主權命令之最有勢力者也",而德國政治家亦多倡"以法制國"之說,殆慎到、田駢之流亞也。荀子又曰:"不法先王,不是禮義,而好治怪說,玩琦辭,甚察而不惠,辨而無用,多事而寡功,不可以爲治綱紀;然而其持之有故,其言之成理,足以欺惑愚衆,是惠施、鄧析也。"按惠施、鄧析皆名家之派也,"治怪說,玩琦辭"即公孫龍"藏三耳"諸說,"辨而無用,多事而寡功"即"山淵平"、"齊秦襲"之說。吾觀希臘古初有詭辯學派,厥復[①]雅里斯德勒首創倫理之學,德樸吉利圖[②]創"見塵非眞"之學,皆與中國名家言相類。若近世培根起於英,笛卡爾起於

---

① "復",疑當作"後"。
② "德樸吉利圖",疑當作"德模吉利圖",今通譯德謨克利特。

法,創爲"實測內籀①"之說,穆勒本其意復成《名學》一書,則皆循名責實之學,較之惠施、鄧析蓋不同矣。又荀子於十子之外復舉子思、孟子,以爲失孔子之正傳,夫子思、孟子一派爲中國儒教之宗,與希臘蘇格拉第之學相近,亦諸子學術之合於西儒者也。

周末諸子之書,有學有術。學也者,指事物之原理言也;術也者,指事物之作用言也。學爲術之體,術爲學之用。今西人之書皆分學與術爲二種。如陰陽家流列於九流之一,此指陰陽學之原理言也;陰陽若五行、卜筮、雜占列於術數類中,則指其作用之方法言矣。又如《管子》、《墨子》各書,卷首數篇大抵皆言學理,而言用世之法者則大抵列於卷末,亦此義也。若《商君書》諸書則又舍學而言術者矣,《韓非子》則言法律之理。故於《管子》不同,此亦治諸子學不可不知者也。

張南軒之言曰:"上達不言加功,聖人告人以下學之事。下學功夫寖密,則所爲上達者愈深,非下學而外又別有上達也。"其說甚精。蓋下學者,人倫日用之學也,亦即威儀、文辭之學也;上達者,則窮理盡性之學也。子貢曰:"夫子之文章可得而聞也,夫子之言性與天道不可得而聞也。"蓋可得聞者爲下學之事,不可得聞者爲上達之事。下學即西人之實科,所謂"形下爲器"也;上達即西儒之哲學,所謂"形上爲道"也。

---

① "籀",《國粹學報》作"籠"。

《大學》言"格物"、"致知",亦即此意。其曰"致知在格物"者,即上達基於下學之意也。宋儒高談"性命",蓋徒知上達而不知下學者也,此其所以流爲空談與?①

自秦焚書,五經灰燼。漢除挾書之禁,老師宿儒始知服習經訓,以應世主之求。然傳經之家,互有不同。近代學者知漢代經學有今文家、古文家之分。如惠氏學派大抵治古文家言,常州學派則治今文家言。吾謂西漢學派祇有兩端,一曰齊學,一曰魯學。治齊學者多今文家言,治魯學者多古文家言。如《易經》一書,有田氏學,爲田何所傳,乃齊人之治《易》者也;見《漢書·儒林傳》中。有孟氏學,爲孟喜所傳,乃魯人之治《易》者也,大約京房爲齊學一派,喜言災異。而東漢所傳則大抵爲魯學一派,亦有卦氣、爻辰之説。是《易》學有齊魯之分。濟南伏生傳《尚書》二十八篇於晁錯,乃齊人之治《尚書》者也;是爲今文《尚書》。魯恭王壞孔子宅,得《尚書》十六篇,孔安國以今文《尚書》校之,乃魯人之治《尚書》者也,是爲古文《尚書》。史公從安國問故,故《史記》多引古文《尚書》。是《書》學有齊魯之分。齊《詩》爲轅固所傳,匡衡諸人傳之,《漢書·匡衡傳》所釋《詩經》皆齊《詩》也。乃齊人之治《詩》者也;魯《詩》爲申公所傳,楚元王等受之,劉向諸人述之,《列女傳》所引之《詩》皆魯《詩》之義也。乃魯人之治《詩》者也,是《詩》學亦有齊魯之分。《公羊》爲齊學,董仲舒傳之,

---

① "張南軒之言曰"以下,《遺書》與上文接排,兹據《國粹學報》分段。

著有《春秋繁露》諸書;《繁露》一書純公羊家之言,西漢以《公羊》立於學官,故儒者多治之。《穀梁》《穀梁》爲魯學,劉向傳之,時與子歆相辯難,見《漢書·劉向傳》。故《新序》、《説苑》諸書亦多穀梁家言,而《漢·五行志》所言劉向述《春秋》皆穀梁義也。是《春秋》學亦有齊魯之分。西漢之時,傳《禮》學者以孟卿爲最著,此齊學也;而魯恭王壞孔子宅壁,兼得《逸禮》,見《儒林傳》及劉歆《讓太常博士①書》。而古《禮》復得之淹中,亦魯地。則魯學也,是《禮》學亦有齊魯之分。齊《論》多《問王》、《知道》二篇,而音讀亦與魯《論》大異,如"瓜祭"作"必祭"之類是也。若蕭望之諸人則皆傳魯《論》,見《漢書》本傳。至張禹刪《問王》、《知道》二篇,合魯《論》與齊《論》爲一,而齊《論》以亡,近儒戴子高《論語註》則參用齊學。是《論語》學亦有齊魯之分。《孝經》亦然,所謂今古文《孝經》,古文即魯學,今文即齊學也。要而論之,子夏傳經,兼傳齊學、魯學者也;荀卿傳經,則大抵多傳魯學。而齊學昌明,則由秦末儒生抱殘守缺;魯學昌明,則由河間獻王、河間獻王爲魯學之專家,觀戴東原《河間獻王傳經考》可見。劉歆見《讓太常博士書》。之提倡。齊學尚新奇,故多災異、五行之學,齊《詩》"五際"等説皆齊學之嫡派也。魯學多迂曲。如《穀梁》諸經是也。近世齊學大昌,治經之儒遂欲尊今文而廢古文。如魏默深、龔定安、劉申受、宋于庭是也。然魯學之中亦多前聖微言大義,而發明古訓亦勝於齊學,豈可廢哉?

---

① "士",《國粹學報》誤作"土"。

然齊魯二派則固判然殊途者矣。

西漢之初,儒學雖萌芽於世,然九流之說猶未盡淪。賈生傳《春秋》、三禮之學,然《過秦論》上篇以仲尼與墨翟並言,其言曰:陳涉"才能不及中庸,非有仲尼、墨翟之賢"。而史書復稱其"明申韓之術"[①],如言削諸侯、抑商賈,皆近於法家言。姚姬傳有《賈生明申韓論》[②]。則賈生非僅治儒術矣。司馬遷受《易》於楊何[③],問《尚書》於孔安國,復仿《春秋》之義以作《史記》,皆見《太史公自序》中。然幼時曾習黄老家言,亦見《太公自序[④]》。故班氏稱其"先黄老而後六經",則史遷亦非僅治儒術矣。蓋西漢之時,治諸子之學者雖不若東周之盛,然《淮南子》一書,道家之嫡派也,亦間有儒家之言及陰陽家之言。而劉向、楊雄亦崇黄老,劉向少信丹鼎之學,故進淮南王《鴻寶》秘方於漢帝。楊雄喜言清淨寂寞,殆深有得於老學者,故《太元》多參用《老子》,又喜從嚴君平遊,嚴亦治老子之學者也。此漢代道家之學也。鄒陽之說梁王,見《鄒陽傳》。枚乘之說吳王,見《枚乘傳》。以及賈山之《至言》,見《賈山傳》。東方溯之滑稽,見《東方溯傳》。司馬相如之諷諫,詞賦之體多出於縱橫家。此漢代縱橫家之學也。公孫臣之雜占,公孫卿之望氣,皆見《史記・封禪書》

---

① 《史記・太史公自序》原文作:"賈生、晁錯明申商。"
② 姚鼐《惜抱軒全集》作《賈生明申商論》。
③ "楊何",《遺書》、《國粹學報》均誤作"唐何",徑改。《史記・太史公自序》作:"太史公學天官於唐都,受《易》於楊何。"
④ "太公自序",《國粹學報》同,疑有脫文。可簡稱"史公自序","太公自序"則不倫。

中。以及京房、劉向、眭孟之説經,漢人治經多喜言災異,且多引讖緯,近於陰陽家言。京房傳《易》學於焦延壽,焦著有《焦氏易林》,而京亦作有《易注》,此陰陽家言之參入《周易》者也。劉向之説《尚書》也,作《洪範五行傳》,《漢書·五行志》多引之,此陰陽家言之參入《尚書》者也。翼奉治齊《詩》,發明"五際"、"六情"之説,見《漢書》列傳,此陰陽家言之參入《詩經》者也。董仲舒作《春秋繁露》,喜言災異,厥後眭孟之徒踵之,悉以天變驗人事,此陰陽家言之參入《春秋》者也。公玉帶之言明堂,兒寬之言封禪,此陰陽家言之參入《禮經》者也。足證六經之中咸有陰陽家言。此漢代陰陽家之學也。推之鼂錯、張湯之明律,法家之遺意也;出於申、韓。楊王孫之裸葬,墨家之遺意也;亦兼師黃老玩世之意,而參用墨家之節葬。氾勝之明農,見《漢書·藝文志》農家類。今安邑宋氏輯其遺文,名《氾勝之遺書》。農家之遺意也。蓋西漢之初興,黃老之學最盛。曹參師蓋公,陳平治《老子》,以及田叔、鄭莊之流,莫不好黃老之學。皆見《漢書》本傳。甚至帝王、皇后如文帝及竇太后之好黃老是也。亦尊崇黃老之言。至武、昭以後,黃老漸衰,一由轅固與黃生之爭論。黃生明黃老之術,轅固明儒家之術,而其論湯武受命也,説各不同,景帝迫於太后之命,雖暫抑轅固,然已深明儒家之有益於專制政體矣,見《史記·儒林傳·轅固生傳》。其故一。一由武帝與汲黯之爭論。汲黯之言曰:"陛下内多欲而外施仁義,奈何欲效唐虞之治乎?"蓋黯治黃老家言,故不喜儒術,武帝知道家崇尚無為,與好大喜功者迥異,故抑黃老而崇六經,其故二。有此二故,此儒術所由日昌,而道家所由日衰也。至於東漢,諸子之説治者愈稀,然崔寔《政論》,法家之言也;爲曹魏治制所本。王充《論衡》,名家之言也;喜言詭辯。王符《潛夫論》,仲長統《樂志論》,則又以儒家而兼道家者也。魏晉之降,學術日衰,而諸子之學真亡矣,惜哉!

西漢之時,治經者共分五派。誦讀經文,互相授受,不事作述;始也憑口耳之傳,如伏生受《書》於鼂錯是也。而《公羊》自公羊高以後不著竹帛,憑口耳之授受者,共傳五世,然後筆之於書。繼也則著之竹帛,此一派也。此派最多,《漢書·儒林傳》所刊之經師半屬此派。以經解經,不立異說,使經義自明,如費氏之注《周易》是,見《漢書·藝文志》及《儒林傳》。此一派也。此派在漢時舍費氏外甚爲希見。援引故訓,證明經義,語簡而不煩,意奥而不曲,如毛公之《詩傳》,孔安國、夏侯氏、歐陽氏之《書》法,孔安國之《論語注》,犍爲①舍人之《爾雅注》是也。此又一派也。此派之書必附麗經文,不能單行。發揮經義,成一家言,其體出於韓非《解老》、《喻老》,尤與《韓詩外傳》相符;如董仲舒《春秋繁露》、伏生《尚書大傳》是也,而京房之釋《易》亦可自成一書者也。合之則與經相輔,離經亦別自成書,此又一派也。去聖久遠,大道日漓,有志之士擬經爲書,如《焦氏易林》之擬《易》,楊雄《太元經》亦然。楊雄《法言》之擬《論語》,此又一派也。此派頗爲當時學者所非,故《漢書·楊雄傳》贊曰:"雄非聖人而擬②經","蓋誅絶之罪也"。西

---

① "犍爲",《漢書》、《國粹學報》均誤作"健爲",徑改。
② "擬",《漢書》作"作"。

漢之世，五派並行，故説經之儒無復迂墟之見。東漢以降，説經之書不外證明經訓，即援引故訓證明經義之一派也。而説經之途日狹矣。此微言大義所由日晦也，可不悲哉！

西漢經生有僅通一經者，有兼通數經者。通一經者，大抵爲利禄計耳，而當世之通儒莫不兼涉數經。如賈生傳《春秋左氏傳》，然《新書》之中多洞明禮制之言；如論冠禮、論學制是也。董仲舒治《春秋公羊傳》，然"天人三策"兼引《詩》、《書》；如引《太誓》及《詩》"貽我來牟"是。劉向治《春秋穀梁①傳》，然兼治魯《詩》，且兼通《左氏》、章太炎書中已言之。《公羊》如《説苑》中論"鄭棄其師"及"春王"之義皆本《公羊》之説，予嘗著《〈説苑〉中有〈公羊〉義》一篇。二傳，孰非通儒兼治群經之證乎？又考之《漢書·儒林傳》，則匡衡兼治《論語》、齊《詩》，韓嬰兼明《韓詩》、《周易》，后蒼兼治齊《詩》、古《禮》，張禹兼治《論語》、《孝經》，皆見《儒林傳②》中。足證西漢耆儒治經之長，非一端所能盡。古人有言："非兼通群經不能專治一經"，其説信哉！

兩漢經師説經之書以百數，而立名各不同。一曰"故"。故者，通其恉③義也。《書》有《夏侯解故》，《詩》

---

① "梁"，《遺書》誤作"粱"，徑改。《國粹學報》不誤。
② "傳"，《遺書》、《國粹學報》均誤作"儒"，徑改。
③ "恉"，《國粹學報》作"指"。

有《魯故》、《后氏故》、《韓故》、《毛詩故訓傳》。見《漢·藝文志》。"故"與"詁"通,見邵景涵《爾雅義疏·釋詁》①。西漢作"故",東漢作"詁",如何休《公羊解詁》、見《後漢書·何休傳》。盧植《三禮解詁》、見《後漢書·盧植傳》。翟酺《援神鈎命解詁》見《後漢書·翟酺傳》。是也。顏師古注《藝文志》"魯故"云:"今流俗《毛詩》改'故訓傳'爲'詁'字,失真耳。"則以"詁"與"故"爲二,不知古代"詁"、"故"二字通用也。一曰"章句"。《尚書》有《歐陽》、大小《夏侯章句》,《春秋》有《公羊》、《穀梁章句》。見《漢書·藝文志》。至於東漢,則章句之學愈昌,如盧植《尚書章句》、見《盧植傳》。趙岐《孟子章句》、程曾亦有《孟子章句》。鄭興《左氏章句》、劉表《五經章句》、鐘興《春秋章句》,皆見本傳。以及牟馬②《尚書章句》、景鸞《月令章句》、桓郁《大小太常章句》見《後漢書·儒林傳》。是也。一曰"傳"。當西漢時,《易》有《周氏》、《服氏》、《楊氏》、《蔡公傳》,《詩》有《后氏傳》、《孫氏傳》,見《漢書·藝文志》。至於東漢,如服虔《左氏傳解》,荀爽《禮傳》、《易傳》、《詩傳》皆見本傳。是也。一曰"說"。《書》有《歐陽說義》,《詩》有《魯說》、《韓說》,《禮》有《中庸說》,《論語》有《齊說》、《魯夏侯說》,《孝經》有《長孫氏說》、《江氏說》、《翼氏說》、《后氏說》,皆見《漢書·藝文志》。而東漢之時,亦有馬融《三傳異同說》。見《後漢書·馬融

---

① "邵景涵《爾雅義疏·釋詁》"誤,當作"邵晉涵《爾雅正義·釋詁》"。《國粹學報》同誤。

② "牟馬"誤,《後漢書》作"牟長"。《國粹學報》同誤。

傳》一曰"微"。如《春秋》有《左氏微》、《鐸氏微》、《張氏微》、《虞卿微傳》是也。一曰"通"。如洼丹《易通論》、《後漢書·洼丹傳》云名曰《洼君通》。杜撫《詩題約義通》見《杜撫傳》。是也。一曰"條例"。如鄭興、穎容①《左氏條例》、荀爽《春秋條例》見本傳。是也。而說經之書，又有鄭康成《毛詩箋》、謝該《左氏釋》，溯其體例，與"傳"、"詁"同。又如荀爽作《尚書正經》，趙曄作《詩細》，何休作《公羊墨守》、《左氏膏肓》、《穀梁廢疾》，立名雖殊，同爲說經之作。要而論之，"故"、"傳"二體乃疏通經文之字句者也，"章句"之體乃分析經文之章節者也，見趙氏《孟子章句》。於每章之後必條舉其大義，此其證也。又如夏侯治《尚書》，既有《章句》二十九卷，復有《解故》二十九篇，亦"章句"與"解故"不同之證。"說"、"微"、"通"三體"條例"亦然。乃詮明全經之大義者也。《白虎通德論》亦"通"類也。近世以來，陳氏《毛詩疏》、孫氏《尚書疏》沿古代"故②"、"傳"之體，王氏《尚書後案》沿古代章句之體，魏氏《詩古微》、《書古微》沿古代"說"、"微"、"通"之體。此兩漢經師說經自之大凡，而爲後儒所取法者也，故特論之。

西漢之時，經學始萌芽於世，武帝雖表章經術，如延文學儒者以百數，公孫弘以治《春秋》爲丞相，置博士官。然宣帝即位，重法輕儒。如宣帝謂："俗儒不達時宜，好是古非今，使人眩

---

① "穎容"，《國粹學報》作"潁容"。
② "故"，《遺書》誤作"古"，徑改。《國粹學報》不誤。

於名實,不知所守,何足委任?"又匡衡爲平原文學,人多薦衡,蕭望之、梁邱賀亦以衡經術精習,而"宣帝不甚用儒,遣衡歸故官",見《匡衡傳》。皆宣帝不重儒術之確證也。說經之儒猶抱遺經,拳拳勿失,故今文古文之爭未起。自河間獻王、孔安國明古文學,爲古文學與今文並行之始。自劉歆移書太常,爲古文競勝今文之始。新莽篡漢,崇尚古文。以用劉歆之故。東漢嗣興,廢黜莽制,五經博士仍沿西漢之規。《後漢書·儒林傳》言:"光武中興","立五經博士,各以家法教授。《易》有施、孟、梁邱、京氏,《尚書》歐陽、大小夏侯,《詩》齊、魯、韓、毛,《禮》大小戴,《春秋》嚴、顏,凡十四博士"。皆今文之學也,惟毛《詩》爲古學,與西漢時差異耳。而在野巨儒多明古學,故今文古文之爭亦以東漢爲最著。韓歆請立《左氏》博士,而范升力爭;及陳元上書訟《左氏》,始以李封爲博士官,卒以群儒廷爭,未久即罷,見《范升傳》。其證一。李育以《左氏》不得聖人深意,作《難左氏議》四十一事;及諸儒講論白虎觀,育以《公羊》義難賈逵,見《儒林傳·李育傳》。其證二。許慎作《五經異義》,右古文而抑今文,鄭康成駁之,以今文之義難古文,其證三;何休作《公羊解詁》,又以《春秋》駁漢事六百餘條,妙得《公羊》本義;見《何休傳》。服虔作《左氏傳解》,又以《左傳》駁何休所駁漢事六十條,見《服虔傳①》。其證四。此皆今古文相爭之證也。蓋東漢之初,今文之學盛行,中葉以後,則今文屈於古文。西漢

---

① "傳",《遺書》誤作"僕",徑改。《國粹學報》不誤。

末年,《易》有施、孟、梁邱、京氏學,皆屬今文,惟費直傳《易》於王璜①,號古文《易》。東漢之初,若劉昆治施氏《易》,洼丹、任安治孟氏《易》,范升、楊正、張興習梁邱《易》,戴憑、魏滿、孫期習京氏《易》,爲《周易》今文學盛行之世。自陳元、鄭衆傳費氏《易》,馬融、荀爽作傳,鄭康成作注,而費氏古文《易》以興,是古文《易》學興於漢末也。鄭康成《易注》雖用古文,然爻辰、納甲之説亦多今文家言。西漢末年,《書》有歐陽、大小夏侯之學,皆屬今文,而古文《尚書》學未立學官②。東漢之初,若丁鴻③、桓榮、歐陽翕、牟長④、宋登習歐陽《尚書》,張馴、牟融治大夏侯《尚書》,王良治小夏侯《尚書》,咸教授數千人,爲《尚書》今文學盛行之世。自孔僖、周防、楊倫習古文《尚書》,而扶風杜林復得古文《尚書》於漆書中,賈逵作訓,馬融作傳,鄭康成作注解,而古文《尚書》大明,此非僞古文也,僞古文興於魏晉,與此不同。魏默深《書古微》疑漆書古文爲僞,非也。是古文《尚書》興於漢末也。西漢末年,《詩》有魯、齊、韓三家,而毛《詩》未大顯。東漢之初,若高栩、包咸、魏應治魯《詩》,伏恭、任末、景鸞治

---

① "王璜",《國粹學報》作"王橫"。按《漢書》作"王璜",《後漢書》作"王橫",李賢注:"前書'橫'作'璜',字平仲。"
② "學官",《國粹學報》誤作"學宮"。
③ "丁鴻",《國粹學報》誤作"丁鳴"。
④ "牟長",《國粹學報》誤作"年長"。

齊《詩》，薛漢①、杜撫、召馴、楊仁、趙曄治韓《詩》，爲《詩經》今文學盛行之世。自鄭弘作《毛詩序》，而鄭衆、賈逵咸傳毛《詩》，馬融作傳，鄭康成作箋，咸引毛《詩》之義，是古文《詩》學興於漢末也。西漢末年，《禮》有大戴、小戴、慶氏三家，而孔安國所獻《禮古經》五十六篇_{即今《儀禮》}。及《周官經》六篇，咸未立博士，故古文學未昌。東漢之初，曹充、董鈞習慶氏《禮》，而大小戴博士亦相傳不絕，爲《禮經》今文學盛行之世，及鄭衆傳《周官經》，馬融作傳，以授鄭康成，康成作《周官經注》，又以古《禮經》校《小戴禮》作《儀禮》、_{即古《禮經》，《漢·藝文志》"《古禮經》七十篇"，乃"十七篇"之誤。《禮記》即《小戴禮》。}注，而三《禮》之學大明，是古文《禮》學興於漢末也。西漢末年，《春秋》有嚴氏、顏氏學，皆屬《公羊》家言，《穀梁》僅立博士，《左傳》未立學官②。東漢之初，丁恭、周澤、鐘興、樓望、程曾咸習嚴氏《春秋》，張玄、徐業咸習顏氏《春秋》，而范升、李育之徒時以《公羊》屈《左氏》，爲《春秋》今文學盛行之世。自賈逵著《左傳章句》，而服虔、穎容③、謝該咸治《左傳》，鄭、_{康成初爲《左傳》作注，後授服虔。許見《說文》、《五經異義》。}大儒亦喜《春秋》古文學，是古文《春秋》興於漢末也。蓋東

---

① "薛漢"，《國粹學報》誤作"薛漠"。
② "學官"，《國粹學報》誤作"學宮"。
③ "穎容"，《國粹學報》作"穎容"。

漢初年，古文學派皆沿劉歆之傳，如杜子春、鄭衆皆受業於劉歆。雖爲今文學所阨，未克大昌，然片語單詞已爲學士大夫所崇尚，後經馬、盧、鄭、許諸儒之注釋，流傳至今；而今文家言之傳於世者，僅何休《公羊解詁》而已，餘盡失傳。此今文學所由日衰，而古文學所由日盛也。是則經學顯晦之大略也。

東漢之時，經生雖守家法，然雜治今古文者亦佔多數。如孫期治京氏《易》，兼治古文《尚書》，張馴治《左氏傳》，兼治大夏侯《尚書》，一爲今文，一爲古文。鄭興治古文學，而早年亦治《公羊》，尹敏治歐陽《尚書》，復治古文《尚書》，兼通《毛詩》、《穀梁》、《左氏》之學。而鄭康成治經亦兼通京氏《易》、《韓詩》、《公羊春秋》，此漢儒所由稱通儒也。若鄭衆、賈逵則專治古文，何休、李育則專治今文，皆守家法者也。蓋東漢經師大抵實事求是，不立門戶，許叔重治古文學，而《説文》之釋姓氏也，則言聖人無父而生，若古文家則言聖人有父而生。用今文家説。《毛詩》爲古文學，而鄭康成作《詩箋》，則多采三家之説。無識陋儒斥爲背棄家法，豈知説經貴當，乃古人立言之大公哉！且當此之時，經師之同治一學者，立説亦多不同。如鄭、荀同學費《易》，立説不同；鄭從馬學，而與馬不同；焦、京同源，而卦林、災異又不同；馬、鄭同治古文《尚書》，而注各不同；鄭《箋》伸毛，而與《毛傳》不同；賈、服同治《左氏》，而所注各殊；鄭康成注《周官經》，多改前鄭之説，皆其證也。即鄭康成注經亦彼此互易，蓋康成雜治今古文，故駁《五經異義》以斥古文學，復攻墨守、起廢疾、發膏肓以斥今文學也。及東漢季世，師法愈嚴，范《書》謂"分爭王庭，樹朋私里，繁其章條，穿求崖穴，以合一家之說"，又謂"書理無二，義歸有宗，而碩學之徒，或莫之或從①，故通人鄙其固"，見《儒林傳贊》。此皆斥漢儒之固守家法也，其旨深哉！

自漢武表章六經，罷黜百家，託通經致用之名，在下者視爲利祿之途，在上者視爲挾持之具。如尊君抑臣等說，必託之於經誼。降及王莽，飾奸文過，引經文以濟己私。王莽居攝時，使群臣奏曰："周成王幼小，不能修文武之烈。周公攝政則周道成，不攝則恐失墜。故《君奭》篇曰：'後嗣子孫，大不克共上下，遏佚前人光在家，不知天命不易，天難諶，乃其墜命。'此言周公服天子袞冕，南面朝群臣，發號施令，常稱王命也。"又："《康誥》曰：'王若曰：孟侯！朕其弟小子封。'此周公居攝稱王之文也。"又："以漢高祖爲文祖廟"，取《虞書》"受終文祖"之義。此皆援《尚書》以行事也。又引禮記·明堂位，謂此乃"周公踐位，朝諸侯，制禮作樂也"。又考《孝經》"況於公、侯、伯、子、男"之文，定侯伯、子男爲兩等。此引《禮記》、《孝經》以文其奸也。又引孔子作《春秋》，"至於哀公十四年而一代畢，協之於今，亦哀之十四年也"。此引《春秋》以文其奸也。餘證甚多。由是崇古文而抑今文，以古文世無傳書，附會穿鑿，得隨己意所欲爲。昔周末之時，諸侯②惡周制之害己，至並其籍而去之；見《孟子》。西漢之時，天子喜經文之利己，遂並其籍而崇之，而六藝遺文遂爲君主藏身之窟矣。降及東

---

① "或莫之或從"，《國粹學報》同，《後漢書》原文作"莫之或徙"。
② "時諸侯"，《國粹學報》誤倒作"諸時侯"。

漢,讖緯勃興,考《後漢·張衡傳》謂讖緯始於哀平,《張衡傳》云:漢以來並無緯書,"劉向父子領校秘書,尚無緯錄①,則知起於哀平之際也。然考《隋書·經籍志》,則西漢之世,緯學盛昌,非始於哀平之際。《經籍志》云:漢世緯書大行,"言五經者皆爲其學,惟孔安國、毛公、王璜之徒獨②非之相承以爲怪妄,故因魯恭王、河間獻王所得古文參而考之,以成其義"。是讖緯流傳遠出諸儒箋故學之前矣。蓋銅符、金匱萌於周秦,秦俗信巫,雜糅神鬼,公孫枝之受册書,見《史記·秦本紀》。陳寶之祀野雞,見《史記·封禪書》。胡亥之亡秦祚,見《史記·秦始皇本紀》。孰非圖籙之微言乎?若夫董安於之册三户亡秦之兆③,萇弘貍首之射,則圖籙之學漸由秦國播他國矣。周秦以還,圖籙遺文漸與儒道二家相雜,入道家者爲符籙,入儒家者爲讖緯。見第三册④《術數學史序》。董、劉大儒,競言災異,實爲讖緯之濫觴。董仲舒爲弟子吕步舒告發,眭孟⑤以泰山石立請昭帝讓位賢人,又《路温舒傳》云:"温舒從祖父受曆數天文,以爲漢厄三七之期,乃上封事以預戒",皆其證也。哀平之間,讖學日熾,《漢書·李尋傳》云:"成帝時有甘忠可者,造《天官曆》、《包元太平經》十二卷,言漢家

---

① "尚無緯錄",《漢書》原文作"亦無讖録"。

② "獨",《遺書》誤作"猶",據《隋書》徑改。《國粹學報》作"獨",不誤。

③ "董安於",《國粹學報》同,《國語》、《史記》均作"董安于"。又"楚雖三户,亡秦必楚",《史記》作楚南公語。集解、索隱引徐廣曰:"楚人也,善言陰陽。"虞喜《志林》曰:"南公者,道士,讖廢興之數,知亡秦者必于楚。"《太平御覽》袁淑《真隱傳》曰:"南公者,楚人。埋名藏用,世莫能識。居國南鄙,因以爲號,著書言陰陽事。"

④ 此指《國粹學報》第三册。

⑤ 眭孟",《遺書》誤作"洼孟",《國粹學報》同誤。眭弘,字孟,事見《漢書》本傳。

當更①受命",以其學授夏賀良等,劉向奏其妖妄。甘忠可下獄死,賀良等又私相傳授。哀帝建平中,"賀良上言赤精子之讖,漢家曆運中衰,當再受命",故"改號曰太初元年,稱陳聖劉太平皇帝"②。是爲朝廷信讖之始。而王莽、公孫述之徒,亦稱引符命,惑世誣民,《漢書·王莽傳》云:莽以哀章獻金匱圖,有王尋姓名,使尋將兵;又以劉伯升起兵,乃引《易》"伏戎於莽,升其高陵,三歲不興",謂莽爲己名,升爲伯升,高陵爲高陵侯翟義,言伯升、翟義皆不能興;又按金匱圖,拜王興、王盛數十人爲官以示神。此王莽信緯之證。《後漢書·公孫術傳》云:"術引《讖記》,謂孔子作《春秋》,爲赤制以斷十二公,明漢當十二世而絕;又引《籙運法》曰'廢昌帝,立公孫',故光武與述書曰:'圖讖言公孫,即宣帝;代漢者當塗高,君豈高之身耶?'"此公孫述信緯之證也。乃光武以符籙受命,《後漢書·鄧晨傳》云:光武微時,宛有蔡少公者說讖③,云:"劉秀當爲天子。"或曰:"是國師公劉秀耶?"光武曰:"安知非僕?"《李通傳》云:通父說讖,謂"劉氏復興,李氏爲輔",故通與光武深相結。《光武本紀》云:"彊華自長安奉赤伏圖來,曰:'劉秀發兵捕不道,四夷雲集龍鬭④野,四七之際火爲主。'"群臣以爲受命之符,乃即位於鄗南。而用人行政,悉惟讖緯之是從。如光武據《赤伏符》"王梁主衛"之文,拜王梁爲大司空;據讖文"孫咸征狄"之文,拜孫咸爲大司馬,此據讖書用人者也。因《河圖》有"赤九會昌"之文,而立廟止於元帝,復以讖文決靈臺處所,此據讖書行政者也。明帝以下莫不皆然。由是以讖緯爲秘經,《楊厚傳》云:楊春卿善圖讖,曰:"吾綈衣⑤中

---

① "當更",與《漢書》同,《國粹學報》誤作"耳"。

② 引文參用《漢書·哀帝紀》。"太初元年",《國粹學報》作"太初元將元年",事見《王莽傳》。

③ "說讖",《國粹學報》作"學緯"。《漢書》原文作"學圖讖"。

④ "鬭",《國粹學報》作"在"。《後漢書》作"鬭"。

⑤ "綈衣",《國粹學報》同,《後漢書》作"綈褢"。褢同衺。

有祖傳秘記,爲漢家用。"蘇竟與劉襲書曰:"孔子秘經,爲漢赤制。"鄭康成亦曰:"吾睹秘書緯術之奧。"頒爲功令,《樊英傳》:"《河》、《洛》、《七緯》",章懷注以《易緯》、《書緯》、《詩緯》、《禮緯》、《樂緯》、《孝經緯》、《春秋緯》釋之,是每經各有緯書。稍加貶斥,即伏非聖無法之誅。桓譚論讖書之非,帝以爲非聖無法,欲斬之;帝令尹敏校圖讖,敏言緯非聖人所作,帝不聽;鄭興對帝曰"臣不學讖",帝終不任用,皆其證也。故一二陋儒援飾經文,雜糅讖緯,獻媚工諛,朱浮云:"臣幸得與講圖讖。"賈逵欲尊《左傳》,乃奏曰:"五經無證圖讖以劉氏爲堯後者,惟《左傳》有明文",遂得選高才習之;而何休注《公羊》,亦以獲麟爲漢受命符。雖何、鄭之倫,且沉溺其中而莫反,康成於緯,或稱爲"傳",或稱爲"説",且爲之作注。是則東漢之學術乃緯學盛昌之時代也。觀《東平王傳》,謂"正五經章句,皆命從緯"①,可以知矣。夫讖緯之書,雖間有資於經術,如律歷之積分、典禮之遺文、六書之舊訓,秦火之後或賴緯書而傳。然支離怪誕,雖愚者亦察其非,如張滿之反亂、王劉之惑衆、袁術之稱帝皆據讖文,是讖書所以召亂也。而漢廷深信不疑者,不過援緯書之説以驗帝王受命之真,而使之服從命令耳。所謂稱天以制民也。上以僞學誣其民,民以僞學誣其上,有何怪賄改漆書者接踵而起乎?《儒林傳》云:"黨人既誅,其高名善士多坐流廢,後遂至忿争,亦有私行金貨,定蘭臺漆書,以合其私文者。"此僞學所由日昌也,悲夫!

　　東漢帝王表章經術,厥意甚深。光武以儒生躋帝位,光武少時往長安受《尚書》,通經義,及爲帝,數講諸經義。而佐

---

① 引文《後漢書》未見,見《隋書·經籍志》,原文作"皆命從讖"。

命功臣亦咸通經誼，如鄧禹受業長安，能誦《詩》；寇恂性好學，受《左氏春秋》；馮異通《左氏春秋》，賈復習《尚書》，祭遵少好經書，李忠少好《禮》，鄭興①好經書，而朱祐、王霸、耿純咸游學長安。故天下既定，託掩武修文之説，慕投戈講藝之風，以削武臣之兵柄，《賈復傳》云："知帝不欲武臣典兵柄，乃與鄧禹去甲兵，敦儒術"②，此語最明。鄧禹"有子十三人，使各習一藝"；竇融疏言："臣子年十五，教以經藝"，皆以避禍也。而羽林之士，亦習《孝經》。見《儒林傳》。蓋光武御才，以《詩》《書》《禮》《樂》之文，化③其悖亂嚚陵之習；以名分尊卑之説，鼓其尊君親上之心。是猶朝儀既定，高祖知皇帝之尊也。及太學既設。誘以利祿之途，萃集儒生辨難經誼，使雄才偉略汨没於章句訓故之中，而思亂之心以弭，可參觀龔氏《京師樂籍説》。是猶學士登瀛，太宗喜英雄之入彀也。及黨人論政清議日昌，然大抵尊君抑臣，斥權奸以扶王室，而典兵之將息其問鼎之謀，范書《儒林傳論》謂"人識君臣父子之綱，家知違邪歸正之路"，又謂"權強之臣息其闚盜之謀，豪傑之夫屈於鄙生之議"。蓋漢主表章經誼之心，至是而其效悉著矣，經術所以愚民。其術深哉！

兩漢之時，經學之授受各殊，一曰官學，一曰師學，一曰家學。西漢之初，經師輩出，如田何之《易》淵

---

① "鄭興"，《國粹學報》作"鄭梁"。

② 《後漢書》原文作："知帝欲偃干戈，修文德，不欲功臣擁衆京師，乃與高密侯鄧禹並剽甲兵，敦儒學。"

③ "化"，《國粹學報》誤作"代"。

源於商瞿,毛公之《詩》權輿於子夏,申公之《魯詩》、賈生之《左傳》並溯沿於荀卿。推之伏生傳今文,先秦之博士也;高堂傳《士禮》,魯國之老生也。以七十二子之微言,歷四百餘年而不絕,此當時之師學也。壽敢口授《公羊》,公羊氏五世皆口傳《公羊》。安國世傳《尚書》,此當時之家學也。由是言之,西漢初年,説經之儒皆私學而非官學。及文帝設立諸經博士,如《爾雅》、《孟子》皆立博士。而漢武之時,仿秦人"以吏爲師"之例,頒五經於學官①,而今文家言咸立博士。宣、成之際,博士益增。見《前漢書·儒林傳》。光武中興,好愛經術,於是立五經博士,各以家法相教授。《續漢書·百官志》云:"博士十四人:《易》四,施、孟、梁邱、京氏是也;《尚書》三,歐陽、大小夏侯氏是也;《詩》三,齊、魯、韓是也;《禮》二,大小戴氏是也;《春秋》二,嚴氏、顏氏是也。"博士既立,而經學之家法益嚴。家法者,從一家之言以自鳴其學之謂也。《後漢書·左雄傳》注云:"儒有一家之學,故稱家法。"吾觀西漢之時,凡儒生之肄經者,大抵游學京師,受經博士,如翟方進之類是也,餘見《漢書·儒林傳》中。而私學易爲官學。東漢之時,益崇官學,凡舉明經、察孝廉,咸以合家法者爲中選。《賓帝紀》:"本初元年四月,令郡國舉明經,年五十以上、七十以下,詣太學。自大將軍至六百石,皆遣子受業。四姓小侯先能通經者,各令隨家法。"是漢舉明經亦嚴家法也。

---

① "學官",《國粹學報》誤作"學宫"。

《左雄傳》云：雄上言：郡國所舉孝廉，"請皆詣官府，諸生試家法"。是漢舉孝廉亦試家法也。是東漢之家法，猶之後世之功令也。特西漢之時，多言師法；東漢之時，多言家法。師法者，溯其源；家法者，衍其流。有所師，乃能成一家之言。自人主崇尚家法，而學術定於一尊。觀《前漢書·外戚傳》："定陶丁姬，《易》祖師丁將軍之元孫。"師古注云："祖，始也。《儒林傳》云：丁寬，《易》家之始師。"蓋有始師而後有師法也。《張禹傳》云：蕭望之①："張禹說經精習，有師法。"是守師法方可得顯官也。《翼奉傳》云奉對引"師法"，《五行志》李尋引"師法"以對，是守師法者兼可議政事也。此皆西漢崇師法之證。至於東漢，則家法益嚴，不復有淆雜之説矣。復以博士爲民師②，而家法之明，明於博士，故劉歆之責太常博士也，言"是末師而非往古"；徐防之責博士弟子也，以爲"不修家法"，誠以修明家法本博士責也。與③周代"官師合一"之法大約相符。官學既崇，由是學術之行於民間者，亦謹守家法解釋經文，以求合帝王④之功令。吾考兩漢之時，累世⑤傳經者，孔氏而外，至孔鮒，爲陳王博士。鮒弟子襄，漢惠帝時爲博士。襄孫安國，安國兄子延年，武帝之時咸以治《尚書》爲博士。延年生霸，亦治《尚書》，昭帝時爲博士，宣帝時授皇太子經。霸生光，尤明經學，時會門下諸生講問疑難。至東漢時，孔僖世傳《尚書》、《毛詩》。其子長炎、季彥，皆守家學。霸七世孫昱，少習家學，徵拜議郎。此孔氏家學之源流也。厥惟伏、桓二家。伏氏自伏勝以《尚書》教授，其

---

① "蕭望之"下，當據《漢書》補"奏"字。《國粹學報》同。
② "師"，《遺書》誤作"帥"，徑改。《國粹學報》不誤。
③ "與"，《國粹學報》誤作"興"。
④ "帝王"，《國粹學報》作"一王"。
⑤ "累世"，《遺書》誤作"累氏"，徑改。《國粹學報》同誤。

裔孫理爲當世名儒。子湛少傳家法，教授數百人。湛弟黯，明《齊詩》，改定章句。湛玄孫無忌①，當順帝時，奉詔與議郎黃景校定中書五經、諸子百家，又采集古今，刪著事要，號曰"伏侯注"。此伏氏家學之源流也。桓榮以明《尚書》授明帝經，其子郁又爲章帝師，和帝即位，郁復侍講禁中，共治《尚書》，有《桓君②大小太常章句》，郁中子焉，亦爲安帝③、順帝師。此桓氏家學之源流也。然孔氏世爲博士，桓氏世爲帝師，而伏氏亦屢典秘籍，皆見前。則傳家學者固未嘗背官學也。東漢之世，經學盛昌，一經教授恒千百人。如曹曾受歐陽《尚書》，門徒三千，見《曾傳》。魏應經明行修，弟子自遠方至者，著録數千人。見《應傳》。張興弟子著録萬人，見《興傳》中。蔡玄④弟子著録者萬六千人。見《玄⑤傳》。學術廣被，遠邁西京，餘見《後漢書·儒林傳》及漢碑者，不具引。然弟子受經卒業者，咸任博士、議郎之職，則傳師學者固未嘗背官學也。由是言之，兩漢儒生之傳經，固不啻受教法於博士矣。周代鄉大夫受教法於司徒，兩漢經生亦受教法於博士。是當時所謂"私學"者，非民間私授之學也，所以輔博士、教授所不及耳。故學業既成，即可取金紫如拾芥，其有不守師法者，則咸見屏於朝廷。觀趙賓

---

① "無忌"，《遺書》誤作"無忘"，據《後漢書·伏湛傳》逕改。《國粹學報》不誤。

② "桓君"，《遺書》誤作"帝君"，據《後漢書·桓榮傳》逕改。《國粹學報》不誤。

③ "安帝"，《遺書》誤作"安桓"，《後漢書·桓榮傳》逕改。《國粹學報》不誤。"桓"字蓋與上行"帝"字誤倒。

④ "蔡玄"，《國粹學報》作"蔡元"。

⑤ "玄"，《國粹學報》作"元"。

變箕子之訓,而《易》家證其非;焦贛本隱士之傳,而光祿明其異,則屏斥私學,夫固始於西漢中葉矣。自家法既嚴,由是説經之士,或引師説以説經,如毛公引仲梁子、高子、孟仲子之説以説《詩》,康成引杜子春、鄭司農之説以説《周官》是也;《公羊傳》引子沈子①諸人之言,亦引師説説經者。或立條例以釋經,如賈徽《左氏條例》,穎容②《左氏條例》,何休《公羊條例》,劉陶、荀爽《春秋條例》是也;若三國之時,虞翻、王弼之説《易》,晉杜預之注《春秋》,皆另有條例。或執己説以斥他説,如服虔之駁何休言漢事,虔以《左傳》駁何休之"駁漢事"凡六十餘條云。康成之發墨守、箴膏肓、啟廢疾是也。他如西漢王式、江翁之辨論,而東漢之時,復有陳元、范升、李育、賈逵之徒辯③論古文今文,推之馬融答北地太守劉瓌,康成駁叔重《五經異義》,皆固執己説者也。及東漢末葉,異家別説亦自謂源出先師,荀悦《申鑒·時事篇》最詳。而家法以淆。觀永元十四年徐防所上疏可見,蓋當時之博士亦漸失家法矣。惟康成説經,集今古文説之大成,不守一先生之言,以實事求是爲指歸,與漢儒之抱殘守缺者迥然不同,故康成之書皆以師學代官學者也。自是以降,鄭學益昌,而東京博士之家法廢矣,惜范《書》語焉不詳耳。兩漢經學之家法具見於《前漢書》、《後漢書》④《儒林傳》,

---

① "子沈子",《國粹學報》誤作"子程子"。
② "穎容",《國粹學報》作"穎容"。
③ "辯",《國粹學報》作"辨"。
④ "書",《國粹學報》缺,空一格。

《隋書·經籍志》,陸德明《經典釋文》,以及近人傳經表中,故不具引。

兩漢之時,諸子之説未淪,降及東京,九流之書日出。如徐幹《中論》,儒家之流也;荀悦《申鑒》、王符《潛夫論》、崔寔《政論》,仲長統《昌言》,法家之流也;王充《論衡》、應邵①《風俗通》,名家之流也;張衡《靈憲》、劉陶《七曜論》,陰陽家之流也;牟融《牟子》、楊成子長②《樂經》,道家之流也;崔寔《四民月令》,農家之流也。惟九流之説日昌,故説經之儒亦間援九流釋六藝,試詳考之。卦氣創於孟喜,納甲始於京房,京房以《易》六十四卦直日用事,風雨寒濕各有占候。爻辰闡於康成,消息明於虞翻,溯厥源流,咸爲《易》學之支派。推之劉向説《書》,則以五行説《洪范》;劉向治《穀梁》,數其禍福,傳以《洪範》。翼奉上疏,則以五際闡齊《詩》;董生治《春秋》,則詳言災異;康成注三《禮》,則兼引緯書。經之以八卦,緯之以九疇,測之以九宫,驗之以九數,上探象緯,下明人事,此以陰陽家之言説經者也。董生以《公羊》決獄,傅飾經義,得數百條;張湯爲廷尉,傅古義以決大獄;以治《尚書》、《春秋》者補廷尉史,奏疑讞。而雋不疑、龔勝、毋將隆③之流亦援引《春秋》、《論語》以證臣罪之當誅。石顯罪賈捐之、楊興,亦引《王制》。東京中葉,若馬融、鄭康成之儔,咸洞明律法,決事比例,必以經義

---

① "應邵",《國粹學報》同。典籍多作"應劭"。
② "楊成子長",《論衡》作"陽成子長",又作"陽成子張"。
③ "毋將隆",與《漢書》同,《國粹學報》作"母將隆"。

爲折衷；而應劭所著書，復有《尚書舊事》、《春秋斷獄》，莫不舍理論勢，尊君抑臣，此以法家之言說經者也。漢儒釋經，或衷雅詁，或辨形聲，研六經從文字入，研文字從形聲入。或改正音讀，如某字讀若某字、某字當作某字是也。或援據古文，莫不分析條理，辨物正名，而許慎《說文》、張揖《廣雅》、劉熙《釋名》，雖爲小學之專書，實則群經之津筏①，此以名家之言說經者也。董生解《公羊》而兼言仁義，趙岐②解《孟子》而兼論性才，餘如荀氏《易注》、伏生《尚書大傳》、《毛傳》、《韓詩外傳》，以及何氏《公羊解詁》、包氏、周氏《論語章句》，咸有粹言，大抵與儒家之言相近。番禺陳蘭甫先生《漢儒通義》引之最詳，今不具引。而許、鄭之書，詮明義理，醇實精深，孔門微言，賴以不墜，近世常熟有潘任者，編《鄭君粹言》、《說文粹言》二書，皆取許、鄭之言近於儒家者。此以儒家之言說經者也。楊雄作《太玄經》、魏伯陽作《周易參同契》，咸溯源老氏，成一家言；降及漢末，而王弼、何晏之流注釋《周易》、《論語》，咸雜糅莊老，大暢玄風，王弼注《周易》，舍象論理，自得之語甚多，不可因范甯之言而斥之。此以道家之言說經者也。若夫服氏之難何休，鄭君之窮許慎，辨難經義，駁詰不窮，此縱橫家之遺風也。曹褒《五經通義》、劉輔《沛王通論③》，旁徵博采，不主一家，此雜家之餘習也。而康成博學多聞，迥出諸儒之

---

① "筏"，《國粹學報》誤作"筌"。
② "趙岐"，《國粹學報》誤作"趙歧"。
③ "沛王通論"，《遺書》、《國粹學報》均誤作"沛王道論"，據《後漢書》逕改。

表。釋《尚書》則兼注《中候》,此術數家之言也;注《天官》則詮明醫理,此方技家之言也;推之注《夏官》則旁及兵法,注《地官》則博引農書,此兵家、農家之言也。足證兩漢諸儒於九流諸子之言,咸洞悉其微,與後儒專尚儒術者不同。三國以降,九流式微,而説經之範圍愈趨愈狹矣。

東漢末年,諸子之術朋興,治儒家者有徐幹,治陰陽家者有管輅,治醫家者有華佗,治兵家者有魏武、注《孫子》、《吳子》。諸葛亮、作《八陣圖》。王昶,注兵書。然以法家學術爲最昌。自王符、崔寔、阮武、姚信之徒,以法家輔儒學,而魏武治邦,喜覽申韓法術,以陳群、鐘繇爲輔弼,諸葛亮治蜀,亦尚刑名。蓋漢末之時,綱紀廢弛,浸成積弱之俗,欲矯其弊,不得不尚嚴明。又以處士議政,國柄下移,民氣漸伸,爲人君所不利,非修申韓之術不足尊君而抑臣。有此二因,遂宗法學,觀杜恕上疏,謂"今之學者師商韓而上法術,競以儒家爲迂闊,不周世用"。魏代學術,觀此可知。是猶東周衰弱,而管商以法律矯之也。至於正始,而老莊之術復昌。蓋兩漢之時,競崇黄老,至於東漢,桓帝尊崇黄老,而張角亦以黄老惑民。惟馬融不應鄧騭[①]之命,自悔"非老莊之道"[②],《後漢書》。是爲"莊老"並稱之始。

---

① "鄧騭",《國粹學報》誤作"鄧隲"。
② 《後漢書》原文作:"殆非老莊所謂也。"

及王弼、何晏祖述老莊，晏言聖人無喜怒哀樂，王弼不以爲然，此即李習之《復性書》所本。弼言天地萬物以無爲本，見《鍾會傳》注及《世說》。而王弼復注釋《周易》，間以莊老之說釋經，並作《老子注》諸書，而阮籍之徒口談浮虛，排斥禮法，嵇康亦喜讀《莊》《老》，與劉伶、向秀、阮咸、王戎、山濤並稱"竹林七賢"，遂開晉人放曠之風。自是以後，裴遐善言玄理[①]，衛玠雅善玄言，王衍爲當世談宗，樂廣亦宅心世外，而阮瞻、劉惔、王蒙、潘京之流，莫不崇尚清談，而胡母輔之、謝鯤、光逸、張翰、畢卓之徒又競爲任達，崔譔、向秀、司馬彪、郭象之輩又咸注《老》《莊》，若孫登、葛洪之儔則又侈言仙術，以隱伏自高，雖劉頌、屢言治道。裴頠、作《崇有論》。江惇、作《通道崇檢論》。卞壼、以王澄、謝鯤悖禮教。干寶[②]、作《晉紀》，其《序論》一篇力斥清談放達者之誤國。陳頵、斥莊老之俗，又以敗國由於此。陶侃以老莊無益實用。諸人危言正論，力挽頹波，而習尚已成，莫之能革。後之論者，莫不祖述范甯之論，以王、何爲罪人。然一代學術，必有起原，三國之時，柄國鈞者大抵苛察繳繞，王嫉其苛，非崇尚無爲清净，不足以安民，故杜預、言"擬議於心，不泥於法"。荀旭言"省官不如省事，省事不如省心"。之徒皆以無爲輔治術，劉伶亦陳無爲之論，蓋當世學術思想大抵如此。與王、何之論暗符。且法家

---

① "玄理"，《國粹學報》誤作"天理"。
② "干寶"，《國粹學報》誤作"于寶"。

嚴賊[①]寡恩,漓於天性,已開放棄禮法之先。故阮籍之徒不重喪禮也。又魏晉之際,戰爭頻煩,民罹屠毒,無樂生之心,如羊祜言"不如意事十常八九",阮籍亦悲"途窮"是。故或託任達以全生,或託隱淪以避世。有此三因,此老莊之說所由盛與魏晉也。夫宅心高遠,遺棄世功,置治亂興亡於度外,誠爲覆都亡國之基,然兩漢諸儒溺於箋注,惑於災異五行之說,其能自成一家言者,亦立言迂闊,不切於施行;王、何說經,始舍數言理,不以陰陽斷人事,即郭象、司馬彪之書,亦時有善言,侈言名理,以自得爲歸,析理精微,或間出漢儒之上。李翶、程頤隱竊其說,即能以學術自鳴,此魏晉學術之得也。且三代之時,文與語分,見第一冊[②]《文章原始》。故孔門四科,言語與文學並崇。漢人崇尚樸訥,而言論之途塞,文章之技興;魏晉以降,文章益事浮誇,故工於言論者別標"清談"之目,由是言語與文學復分爲二途。宣於口者爲言語,筆之書者爲文章,如《樂廣傳》言:"廣善清言,而不長於筆。將讓尹,請潘岳爲表,岳曰:'當得君意。'乃作二百句語,述己之意。岳因取次比,便成名筆。"其確證也。而其流風所扇,遂開南朝講學之先。孰謂清談者"罪浮桀紂"哉?范甯之論,無乃過與!錢竹汀亦斥范説。

漢末之時,治經學者悉奉鄭君爲大師,而衆家之

---

① "嚴賊",《國粹學報》同,疑當作"嚴責"。
② 此指《國粹學報》第一册。

説以淆。蓋鄭君博稽六藝，粗覽傳記，所治各經，不名一師，參酌今古文，與博士所傳之經不盡合。魏默深已有此說。然尊崇緯書，不背功令，又以著述浩富，於《易》、《書》有注，《毛詩》有箋，《左傳》、三《禮》、《論語》皆有注，餘所著之書尚十餘種。弟子衆多，據黃氏所輯《高密遺書》所載，則弟子最著名者已有數十人，又劉熙、孫炎亦師康成。故漢魏之間，盛行鄭氏一家之學。袁翻、稱鄭玄"不墮周公舊法"。徐爰稱"聖人復起不易斯言"。至頌鄭君爲周孔，而辯論時事無不攝引其遺書。見《孝經正義》序。及王粲斥鄭君《尚書注》，見《新唐書·元行沖傳》《釋疑》①。而王肅徧注群經，又僞作《聖證論》、《孔子家語》，以己説易鄭説，使經義朝章皆從己説，而鄭説驟衰。魏有蔣濟、駁鄭君《禘説》。吳有虞翻、奏鄭玄解《尚書》遺失者四事。蜀有李譔、著古文《易》、《尚書》、《毛詩》、三《禮》、《左氏傳》，皆與鄭氏立異。晉有束晳，斥鄭君注緯。皆排斥鄭學。此魏晉經學之一大派也。吳韋昭注《國語》，魏何晏作《論語集解》，雜引古説，以己意爲折衷，不復守前儒家法，此別一派也。晉杜預注《左氏》，乾②沒賈、服之書；郭璞注《爾雅》，隱襲李、孫之説，攘竊之罪，與郭象同，此別一派也。若皇甫謐等作僞《尚書》，尤不足道。舉此數端，足證魏晉經學已非漢儒之舊。此西晉③永嘉之亂，漢學所由淪亡也，如《易經》梁邱學、京氏學，《尚書》

---

① "元行沖傳釋疑"，《國粹學報》誤作"元沖傳繹疑"。
② "乾"，《國粹學報》誤作"干"。
③ "西晉"，《遺書》、《國粹學報》均誤作"西漢"，徑改。

歐陽學、夏侯學,以及齊《詩》、逸《禮》,皆亡於永嘉時。謂非傳經者之罪與? 惟范甯注《穀梁》稍爲有條理。

魏晉之間,漢儒家法尚未盡淪,蜀杜瓊治《韓詩》,許慈治《毛詩》、三《禮》,胡潛治《喪服》,孟光通《公羊春秋》,來敏、尹默通《左傳》,以上皆見《蜀志》。咸守漢人經訓。降及晉代,漢學猶存,文立治《毛詩》、三《禮》,司馬勝之亦通《毛詩》、三《禮》。常勖治《毛詩》、《尚書》,何隨治《韓詩》、歐陽《尚書》,研精文緯星歷;王化治三《禮》、《公羊》,陳壽治《毛詩》、三《傳》,李密治《春秋左氏》,博覽五經;任熙治《毛詩》、京《易》,壽良治《春秋三傳》,李毅通《詩》、《禮》訓詁,常寬治三《禮》、《春秋》。以上皆見《華陽國志·後賢志》。推之陳邵撰《周禮評》,崔游撰《喪服圖》,董景道治京《易》、馬氏《尚書》、《韓詩》、鄭氏《禮》,虞喜治《毛詩》、《孝經》。以上見《晉書》。足證典午之際,兩漢師說傳之者,不乏其人。然兩漢師法之亡,亦亡於魏晉。王肅之徒既與鄭氏立異,王弼注《易》雖舍數言理,然間雜老莊之旨,而施、孟、梁邱、京氏之家法亡矣。皇甫謐之徒僞造古文《尚書》廿五篇,梅賾奏之,以僞亂真,而歐陽、夏侯之家法亡矣。杜預作《左氏傳》,乾没賈、服之說,復作《左氏釋例》,亦舛誤疊呈,而賈、服、鄭、穎之家法亡矣。何晏諸人采擷《論語》經師之說,成《論語集解》,去取多乖,間雜己說,而孔、包、馬、鄭之旨微矣。郭璞作《爾雅注》,亦乾没漢儒之説，《音義》、《圖讚》亦遜漢人，而李巡、樊、劉之注淪矣。況西晉之時，經生尤多異説，如三《傳》各有師法，而劉兆作《春秋調人》七萬言，以溝通三《傳》之説；又爲《左氏》傳解，名曰"全綜"，作《公羊》、《穀梁》解詁，皆納經傳中，朱書以別之。①《左傳》爲《春秋》古文學，而王接謂左氏自是一家言，不主説經，皆見《晉書》。異説橫生，已開唐、宋諸儒之説，如趙匡、啖助、劉原父之類。新説日昌，則舊説日廢，此施氏、梁邱之《易》，孟、京之《易》尚存。歐陽、夏侯之《尚書》，以及齊《詩》、逸《禮》所由亡於永嘉之亂也。大約魏晉經學與兩漢殊，尚排擊而鮮引伸，如王排鄭，而孫炎、馬昭復排王申鄭，厥後《詩經》之爭，鄭、王《左傳》之爭，服、杜皆互相排擊。演空理而遺實詁，如王弼之《易》、杜預之《左傳》是也。尚摭拾而寡折衷，如何晏、江熙《論語集解》皆多采古人之説，范甯《穀梁集解》亦然，即杜預注《左氏傳》亦名《左傳集解》，惟乾没②古説耳。遂開南朝經學之先。此經學之一大變也。

當南北朝時，南北經學不同。《魏書·儒林傳》云："漢世，鄭玄並爲衆經注解，服虔、何休各有所述。玄《易》、《書》、《詩》、《禮》、《論語》、《孝經》，虔《左氏春秋》，休《公羊傳》，盛行於河北，王弼《易》亦間行焉。晉世，杜預注《左氏》，預玄孫坦，坦弟驥於劉義隆世，

---

① 注文見《晉書·儒林傳》。劉兆書名，《舊唐書·經籍志》曰《春秋公羊穀梁左氏集解》，《新唐書·藝文志》曰《三家集解》。

② "没"字，《國粹學報》缺，空一格。

並爲青州刺史,傳其家業,故齊地多習之。"是北朝所行者皆東漢經師之說,而魏晉經師之說傳者甚稀。《隋書·儒林傳》云:"南北所治章句,好尚互有不同。江左《周易》則王輔嗣,《尚書》則孔安國,即僞古文《尚書》。《左傳》則杜元凱;河洛《左傳》則服子慎,《尚書》、《周易》則鄭康成;《詩》則並主於毛公,《禮》則同遵於鄭氏。"惟未言及何休《公羊》。據此數語觀之,則兩漢經學行於北朝,魏晉經學行於南朝,夫固彰彰可考矣。蓋北朝經學咸有師承,自徐遵明用《周易》教授,以傳盧景裕、崔瑾,景裕傳權會,權會傳郭茂,而言《易》者咸出郭茂之門,此北朝《易》學師承也。自徐遵明治《尚書》鄭注,以鄭學授李周仁,而言《尚書》咸宗鄭氏,此北朝《尚書》學之師承也。自劉獻之通《毛詩》,作《毛詩序義》以授李周仁、程歸則,歸則傳劉軌思,周仁傳李炫,炫作《毛詩義疏》,劉焯、劉炫咸從軌思授《詩》,炫作《毛詩述議》,而河北治《毛詩》者復有沈重、《毛詩義》、《毛詩音》。樂遜、《毛詩序論》。魯世達,《毛詩章句義疏》。大抵兼崇毛、鄭,此北朝《毛詩》學之師承也。自徐遵明傳鄭氏《禮》,同時治《禮》者有劉獻之、《三禮大義》。沈重、《三禮義》、《三禮音》。從遵明受業者有李炫、祖雋、熊安生,李炫又從劉子猛受《禮記》,從房虬虬作《禮義疏》。受《周禮》、《儀禮》,作《三禮義疏》,安生作《周禮》、《儀禮義疏》,尤爲北朝所崇;楊汪問《禮》於沈重,劉炫、劉焯並受《禮》熊安生，咸治鄭氏，此北朝三《禮》學之師承也。自徐遵明傳服注，作《春秋章義傳》，傳其業者有張買奴、馬敬德、邢峙、張思伯、張雕、劉晝、鮑長暄，並得服氏之精微，而李炫受《左傳》於鮮于靈馥，作《三傳異同》。劉焯亦受《左傳》於郭茂，咸宗服注，衛翼隆、李獻之、樂遜作《左氏序義》。亦申服難杜，劉炫、作《春秋述異》、《春秋攻昧》、《春秋規過》諸書。張仲作《春秋義例略》。諸儒亦與杜注立異，此北朝《左傳》學之師承也。徐遵①明兼通《公羊》學，王西莊以《公羊疏》即遵明所作，非徐彥之書也。推之治《孝經》者，有李炫、作《孝經義》諸書。樂遜、作《孝經叙論》。樊深。作《孝經喪服集解》。治《論語》者，有張仲、作《論語義》。樂遜、作《論語序論》。李炫、作《論語義》。咸以鄭注爲宗。以上皆見《北史》各本傳。足證北朝之儒咸守師法，有漢儒之遺風，故不爲異説奇言所惑，而恪守其師承。若南朝經學則不然，自晉立王弼《易》於學官②，雖南齊從陸澄之言，鄭、王並置博士，然歷時未久，黜鄭崇王，梁③、陳二朝間，王、鄭並崇。説《易》之儒有伏曼容、作《周易義④》。朱異、作《周易集注》。孔子袪、作《續周易集注》。何充、作《周易義》。張譏、作《周易義》。周弘正，然咸以王注爲宗，復雜以玄學，與北朝排斥玄學者不同。《魏書·李業興傳》："蕭衍問曰：'儒

---

① "遵"字，《國粹學報》缺，空一格。
② "學官"，《國粹學報》誤作"學宮"。
③ "梁"，《遺書》誤作"梁"，徑改。
④ "義"，《國粹學報》誤作"義"。

玄之中,何所通達?'業興曰:'少爲書生,止習五典,至於深義,不辨通釋。'"蓋五典即五經,深義即玄學也。"衍又問:'太極有無?'業興言:'素不玄學,何敢輒酬!'"此北朝斥玄學之證。此南朝《易》學不用漢注之證也。自梅賾奏僞古文《尚書》,治《尚書》者咸以僞《孔傳》爲主,惟梁、陳二朝兼崇鄭、孔,説《書》之儒有孔子袪、作《尚書義》、《尚書集注》。張譏,作《尚書義》。而費甝復爲僞古文作疏,姚方興並僞造《舜典孔傳》一篇,自云得之航頭[①]。此南朝《尚書》學不用漢注之證也。江左雖崇《毛詩》,然孫毓作《詩評》,評毛、鄭、王三家得失,多屈鄭祖王,而伏曼容、作《毛詩義》。崔靈恩、作《毛詩集注》。何允、作《毛詩總義》、《毛詩隱義》。張譏[②]、作《毛詩義》。顧越作《義疏》。亦治《毛詩》,於鄭、王二家亦間有出入,此南朝《毛詩》學不純用漢注之證也。江左於《左傳》之學偏崇杜注,間用服注。故虞僧誕申杜難服,以答崔靈恩,此南朝《左氏》學不用漢注之證也。江左《公》、《穀》未立學官[③],惟沈文阿治之。江左雖崇《禮》學,然何佟之、作《禮義》。王儉、作《禮論抄》諸書。何承天、作《集禮論》。何允、作《禮問答》。沈不害、作《五禮儀》。崔靈恩作《三禮義》。之書,咸雜采鄭、王之説,而國家典禮亦采王肅之言,《魏書·李業興傳》:"朱异問:'洛中委粟山是南郊邪?'業興曰:'委粟是圜

---

① "航頭",《尚書正義》作"大航頭"。
② "張譏",《國粹學報》作"張璣"。按《陳書》、《南史》云:"張譏,字直言"。
③ "學官",《國粹學報》誤作"學宫"。

邱，非南郊。'異曰：'比聞①郊邱異所，是用鄭義，我此中用王義。'"是江左典禮用王義也。此南朝三《禮》學不用漢注之證也。推之説《論語》者，咸宗平叔。説《爾雅》者，悉主景純。足證南朝之儒咸守魏晉經師之説，故侈言新理，而師法悉改漢儒。然南方巨儒亦有研治北學者。嚴植之治《周易》，力崇鄭注，其證一也。范甯篤志今文《尚書》，其證二也。王基治《詩》，駁王申鄭，陳統亦申鄭難孫，孫毓。周續之作《詩序義》，最得毛、鄭之旨，其證三也。嚴植之治三《禮》，篤好鄭學，戚衮從北人宋懷方②受《儀禮》、《禮記疏》，作《三禮義記》，其證四也。崔靈恩作《左氏條義》，申服難杜，其證五也。荀泉作《孝經集解》，以鄭注爲優，范蔚宗、王儉亦信之，其證六也。觀此六證，可以知北學之輸南方矣。以上皆采《南史》各傳。雖然，南方之儒既研北學，則北方之儒亦研南學。河南、青、齊之間，儒生多講王輔嗣《易》，《齊③書·儒林傳》。此北方《易》學化於南方之始也。劉炫得費甝僞古文《書疏》，並崇信姚方興之《書》，復增《舜典》十六字。北方之士始治古文，此北方《書》學化於南方之始也。姚文安治《左氏傳》，排斥服注，此北方《左傳》學化於南方之始也。又如王逸託言得《孝經孔傳》，劉炫信爲真本，復率意

---

① "比聞"，《國粹學報》同，與《北史》同。《魏書》作"北間"。
② "宋懷方"，《國粹學報》誤作"劉懷芳"。按《陳書》、《南史》均作"宋懷方"。
③ "齊"，《遺書》誤作"齋"，徑改。《國粹學報》不誤。

删改，定爲二十二章，亦北儒不守家法之一端。北人之學既同化於南人，則南學日昌，北學日絀。南學日昌，則魏晉經師之說熾；北學日絀，則兩漢經師之說淪。此唐修《義疏》所由《易》崇王弼、《書》用僞孔而《左傳》並崇杜注也。其所由來豈一朝一夕之故哉？此經學之又一變也。

東周之時，九流之說並興，然各尊所聞，各欲措之當代之君民，皆學術而非宗教。儒家祖述孔子，然孔門所言之教，皆指教育而言，如《中庸》"修道之謂教"，又云"自明誠謂之教"，鄭注皆以"禮義"釋之。《説文》云："教，上所施，下所效也。"則古代所謂"教"者，皆指教育、教化而言，故《王制》言"七教"，《荀子》言"十教"也。孔子"誨人不倦"，即"教"字之確詁，"教"非宗教之"教"也。即有"改制"之文，見《春秋繁露》。亦革政而非革教，是則儒家之所宣究者，僅教育學及政治學而已。道家明於禍福，熟於成敗，秉要執本，以反玄虛，多與社會之學相符。惟墨家侈言鬼神，陰陽家侈言術數，則仍沿古代相傳之舊教也。特上古之時，社會蒙昧，崇信神仙，然神仙之術各自不同，以天地神祇咸有主持人世之權，是爲神術；以人可長生不死，變形登天，《説文》"真"字下云："仙人變形而登天也。"是爲仙術。神仙家言，後世咸託之黃帝，如黃帝接萬靈，合符釜山，此黃帝之神術也。《史記·封禪書》言黃帝乘龍上天，而《黃帝本行記》、《軒轅黃帝傳》所言黃帝詢於容成、詢於廣成子，皆黃帝之仙術也。然一切術數之學，如占驗、蓍龜各派，皆由神術而生者也；一切方技之學，如醫藥、房中各派，皆由仙術而生者也。何則？迷信神術，斯自詡通靈；通靈者，自詡仰承神意者也。自詡通靈，斯有占驗、蓍龜之學。迷信仙術，斯希冀長生；希冀長生，斯有醫藥、房中之學。希冀長生，不能不籌保身之法，而一切房中、醫藥之學興。是中國古代之書咸與神仙家言相表裏，然固與儒、道二家無涉也。然儒家侈言古禮，而禮有五經，莫重於祭，《禮記·祭統篇》。又《說文》言"禮"字從示從豊，示者，上帝及日月是星也；豊者，祭器也。是中國古代之時，舍祭禮而外，固無所謂禮也。因尊崇祭禮不得不言及祀神，孔子以敬天、畏天爲最要，故言"祭神如神在"，又言"獲罪於天，無所禱也"。而《禮記》四十九篇中，載孔子所論祭禮甚多，則孔子之信鬼神，咸由於尊崇祭禮之故矣。此儒家之書所由雜糅神術也。道家特重養身，"以本爲精，以物爲粗"，"澹然獨與神明居①"，《莊子·天下篇》論老聃、關尹語。自外其形骸，不得不獨崇其真宰，如《老子》言"元②牝之門，是爲天地根"是。自《老子》言"谷神不死"，而莊、列之流皆以身處濁世，咸有厭棄塵世之懷，往往託言仙術以自寄其思，如《莊子》言黃帝問道、《列子》言黃帝游華胥國及西極化人是也。此道家之書所由託言仙術也。又，道家言仙術又有一因：昔老子爲隱君子，莫知所終，後人遂創爲升仙化胡之說，劉向《神仙傳》遂列之於神仙中矣。然儒家不言仙術，道家不信鬼神，則神仙之說固未嘗合之爲一也。且春秋以降，神仙之說盛行，萇弘射貍

---

① "居"，《遺書》、《國粹學報》均誤作"俱"，據《莊子》徑改。
② "元"，《國粹學報》同，避清諱。《老子》作"玄"。

首以致諸侯,秦伯祠陳倉而獲石,趙襄祠常山而獲符,皆屬神術,即古人"神道設教"之遺意也,後世符籙派本之。蕭史、弄玉之上升,見《列仙傳》。齊侯言"古者不死,其樂若何",《左傳·昭公二十年》。皆屬仙術,即秦漢君主求仙之權輿也,後世丹鼎派本之。屈原《離騷》言"西征",言"登閬風,遵赤水",《遠游》篇言"承風",言"貴真人",言"登仙",言"赤松"、"韓衆",則與莊、列之託言仙術同旨。自鄒衍論始終五德之運,爲秦皇所采用,而宋毋忌、正伯僑、充尚、羨門高,及燕人爲方言仙者,咸依於鬼神之事,是爲神仙合一之始。以上見《史記·封禪書》。始皇使盧生入海求仙,歸奏亡秦之兆,《史記·秦本紀》。夫五德之運、亡秦之兆咸近符籙之言,此神術雜入仙術之證,亦讖緯出於仙術之證也。又漢人公孫卿言黃帝游山,"與神會,且戰且學仙","百餘年後乃與神通",《史記·封禪書》。而始皇禪梁父,封太山,亦采求祝①祀雍之禮,《史記·秦本紀》。則以求仙必本於祀神,而祀神即所以求仙。既重祀神不得不崇祀神之禮,而古代祀神之典咸見於儒書,欲考祭禮,不得不用儒生,而一二爲儒生者咸因求仙而致用,亦不得不竄仙術於儒書。始皇因盧生亡去而阬諸生,則盧生亦諸生之一矣。又扶蘇言"諸生皆誦法孔子",則諸生皆奉儒生之説矣。又使博士爲僊真人詩;《史記》。張蒼爲秦柱

---

① "求祝",疑爲"泰祝"之誤,《漢書·郊祀志》:"其禮頗采泰祝之祀雍上帝所用。"《國粹學報》作"太祝",與《史記·封禪書》同。采祀雍之禮,《史記·秦本紀》未見。

下史,傳《左氏春秋》,而其書列於陰陽家;《漢書·藝文志》。張良從倉海公學禮,或以倉海公爲神仙,則秦儒之誦法儒家者,咸雜神仙之說矣。蓋儒家不言求仙,惟言祀神之禮,秦人以祀神爲求仙之基,由是儒生之明祀禮者,咸得因求仙而進用。漢代亦然,觀公玉帶獻《明堂圖》,倪寬①草封禪禮儀,《史記》。司馬相如作《封禪文》,《史記》。咸因漢武求仙之故。雖然,秦皇求仙僅重禮儀,漢武求仙兼言符瑞,而儒書多言受命之符,如孔子言"有大德者必受命",推之《書·太誓》言赤鳥之瑞,《詩》言文王受命之符,及稷、契感生之說,《春秋》家言孔子受命及赤血之書,皆其證也。其說與鄒衍之書相近,爲符籙派。故儒生之言禮儀者,一變而爲言符瑞。言禮儀出於祀神,言符瑞亦出於祀神,而漢儒言符瑞則由逢迎人主之求仙。觀倪寬言黃龍之瑞,非因人主之封禪而何?厥後求仙之說衰,而言符瑞者乃一變而侈言讖緯,故讖緯起於哀平之間。讖緯之書,言神術而不言仙術,言符籙而鮮言丹鼎,由是神、仙二派由合而分。若道家之說,雖甚行於西漢之初,然黃老清淨無爲,僅以推行於治術,未嘗據此以求仙。惟劉安治道家,言慕游仙之術,劉向《列仙傳》。作《淮南子》一書多祖述莊老,而《枕中鴻寶秘書》則言重道延年之術,劉向以爲奇。劉向本傳。蓋劉安求仙爲丹鼎派,故近於道家;漢武求仙爲符籙派,故兼用儒書。

---

① "倪寬",《漢書》作"兒寬",顏師古注:"兒"音五兮反,又音五奚反。

劉向傳劉安之說，故所作《列仙傳》亦言重道延年之術，於封禪明堂之說禁不一言。蓋丹鼎派之求仙與符籙派之求仙不同，惟祖道家之養生，不雜儒家之神術，誠以道家不信神術，固無所謂符籙也。漢桓帝好神仙，祠老子，亦丹鼎派也。及東漢時，復有風角、九宮之學，其學出於古代之雜占，亦爲儒生所崇信。如何休作《風角訓注》、鄭君亦言信九宮之說是。然自矜靈秘，或與符籙之說相符，若王喬、費長房之流，皆以幻說愚民，與劉向所記列仙略近。惟張角、張道陵之徒，以符籙召鬼神，而託名老聃之說，是爲符籙派竄入道家之始。符籙竄入道家，則神術亦竄入於道家，是秦漢之交，以仙術雜神術，而東漢之末，則又以神術雜入仙術也。自是厥後，以異說竄入道家者，計有三派。一曰丹鼎。東漢靈帝既崩，北方異人咸集交州，多爲神仙辟穀長生之術，時人多有學者，牟子《理惑論序》。此派一也。一曰玄理。王弼、何晏喜言老莊，至於晉代，而清談之風益盛，注《老》《莊》者踵相接，見第七册①。此一派也。一曰符籙。二張既歿，其徒傳播四方，魏晉以來流爲五斗米教，以驅召鬼神自標其幟。王凝之奉之以喪師，孫恩奉之以作賊，此有一派也。自葛洪著《抱朴子》，多言延命養生之術，並及丹藥之方，於仙經而外兼列神符，以證卻禍禳邪之法，此符籙派雜入丹鼎派之始也。《抱朴子·外

---

① 此指《國粹學報》第七册，載"東漢末年，諸子之術朋興"一節。

篇》則又與《淮南》相近。兩晉之時,有孫綽、許珣、王羲之皆喜談玄理,如孫綽《遂初賦》、羲之《蘭亭詩》,皆雜老莊之理。又好服色養生之術,見《晉書》王羲之等傳。此丹鼎派雜入玄理派之始也。梁人陶弘景隱居華陽,作爲文章,多祖述清淨無爲,備見《陶隱居集》。然篤信養生之術,如燒丹藥及信黄白之術是。兼以神術示其奇,此符籙、丹鼎、玄理三派合一之始也。魏寇謙之亦爲符籙派正宗。嗚呼!道家不信鬼神,自符籙派雜入道家,而道家有鬼神;儒家不言仙術,自魏伯陽作《參同契》[①],假爻象以説丹經,厥後陳搏、邵雍、朱子皆信之。致丹鼎派雜入儒家,而儒家有仙術。若何晏、王弼以玄理説經,亦儒、道二家合一之證。且當此之時,非唯淆亂儒、道二家之學派也,自南朝顧歡、張融以孔、老皆爲宗教,以道教目老聃,以儒教尊孔子,復以儒、道與佛教相衡,稱爲"三教",見《夷夏論》及《齊書》傳贊。夫宗教之名,非唯老子所不居,抑亦孔子所未言也,何得目之爲宗教?又安得尊之爲教主哉?此則不知正名之故也。

自王莽之臣景顯從月氏[②]使者受佛經,是爲中國知佛經之始,或言霍去病取休屠金人,即佛像,未知確否?明帝遣使至西域,得《佛經》四十二章,並以西僧即迦葉摩騰、竺法二人。歸中國,使之從事於譯經,並建白馬寺以處之。

---

① "參同契",《遺書》、《國粹學報》均誤作"參通契",逕改。
② "月氏",《遺書》、《國粹學報》均誤作"月氏",逕改。

是爲中國譯佛經之始。至牟融銳志佛道,著《理惑論》三十七篇,所論之語不越《四十二章經》,然以佛典與《老子》並衡,並以佛教爲不悖於儒,是爲"老釋"並稱之始。故漢末之道教多緣飾佛典之言,如張角之言"劫運",如言"黄天已死"是。即緣飾佛典"浩劫"之説者也。唐人作《老子碑》,全言"浩劫"之説,亦多襲佛書。張角號太平道,令病者跪拜首過,《漢書》。即緣飾佛典"熏修"之説者也。如《抱朴子》亦令人累德積善。張角之時,青、徐八州之人莫不畢應,或棄賣財産,而張魯亦令從教之民納米五斗,《後漢書》列傳。即緣飾佛典"布施"之説者也。推之道教言長生,而佛教亦言不滅;道家言符呪,如張角以符水療疾是。而佛家亦有呪詞。密宗輸入中國,雖始於唐代,然據《牟子》則佛家已言符呪矣。故漢魏以來,無識愚民,咸老、釋並尊,又以崇奉多神拜物者,參入老、釋二家之説,自袁了凡興,而人民迷信天道福善禍淫者愈衆。此中國愚民所奉宗教之大略也。蓋漢魏之時,佛教入中國者多屬淺顯之書,故道教者得佛教之粗者也;唐宋以來,佛教入中國者悉屬精微之語,故宋學者得佛教之精者也。且魏晉以前,學士大夫往往據五經之文,斥佛教爲異術;《居士傳》。晉代以降,律宗、自三國時,印度人曇柯迦羅來洛陽,譯戒律,其後姚秦僧覺明通戒律,魏僧法聰講《四分律》,皆律宗入中國之始。三論宗、此派兼講大乘,自鳩摩羅什譯《三論》,即中論、百論、十二門論也,弟子道濟講演之。净土宗、此派始於晉僧惠遠,以希望生净土爲宗。禪宗自達摩入中國始傳,此派以不立文字,故亦號心宗。皆由天竺輸中國。然中國人民尊崇佛教，厥有二因。北朝之人尚禱祈，當東漢時，象教初興，王公貴人禱祀祈福者日衆，《居士傳》。若佛圖澄、鳩摩羅什雖於北方譯經典，然河北人民鮮知大乘，北魏、北齊雖崇佛教，然舍立僧寺，魏國寺院共三萬餘。設戒壇，魏國僧尼共二百萬。外不過行禱祀之禮而已。蓋古代最重祀神之典，苟有可以祈福者，皆日事禱祈，此佛教所由見崇信也，南朝梁武帝亦捨身佛寺中。其故一。南朝之人尚玄理，東晉之時，王羲之、王珉、許詢、習鑿齒各與緇流相接，而謝安亦降心支遁，大抵名言相承[①]，自標遠致，而孫綽、作《喻道論》。謝慶緒作《安般守意經序》。之文，亦深洞釋經之理。自惠遠結白蓮社，雖標淨土之宗，然劉程之、宗少文、雷仲倫之流，咸翺翔物外，息心清淨，而齊蕭子良、梁蕭統則又默契心宗。蓋魏晉崇尚玄言，故清談之流咸由老莊參佛學，其故二。有此二因，此六朝以降佛教所由盛行與？

江都汪氏作《講學釋義》，以"講"爲"習"，謂古人學由身習，非以群居終日、高談性命爲講學，謂《左傳》言："孟僖子病，不能相禮，乃講學之"，講學猶言習學也。又謂孔子言"學之不講，是吾憂"，學謂禮樂也，故"孔子適宋，與弟子習禮大樹下"[②]。說未盡然。案"講"字從"言"，則"講"爲口傳之學，非身

---

① "相承"，《遺書》、《國粹學報》均誤作"相永"，逕改。《居士傳》："至如王羲之、坦之、珉、許詢、習鑿齒，各與緇流相接，大率名言相承。"

② 文見汪中《述學》。

習之學,彰彰明矣。故兩漢之時,咸有講經之例,即石渠閣、宣帝甘露三年,詔諸生講五經同異,蕭望之等平奏其議,又施讎論五經於石渠閣,皆見《前漢書》。白虎觀章帝建初三年,詔博士、議郎、郎官及諸生、諸儒會白虎觀,講議五經同異,使五官中郎將魏應承旨問,侍中淳于恭奏,帝親稱制臨決,作《白虎奏議》,見《後漢書》,即今所傳《白虎通義》是。所講是也。蓋以經術浩繁,師説互歧,故折衷群言,以昭公論,此即後世講學之權輿也。魏晉而降,士尚清談,由是以論辯老莊之習,推之於説經。至於梁代,而升座説經之例興矣。如武帝召岑之敬升講座,論難《孝經》,《岑之敬傳》云:"武帝召之敬升講座,敕朱異執《孝經》,唱《士孝》,章帝親與論難。之敬剖釋縱橫,而應對無滯。"簡文亦與張譏講論,而周弘正復登座説經,《張譏傳》云:"簡文爲太子時,出士林館,發《孝經》題,張譏議論往復,甚見歎賞。""其後周弘正在國子監發《周易》題,譏與之論辯。""弘正謂人曰:'吾每登座,見張譏在席,使人凜然。'"推之戚袞説朝聘之儀,《戚袞傳》云:"簡文使戚袞説朝聘儀,徐摛與往復,袞精采自若。"沈峻講《周官》之義,《沈峻傳》云:"沈峻精《周官》,開講時,群儒劉喦、沈熊之徒並執經下座,北面受業。"《南史》列傳與《梁史》同。張正見請決疑義,《張正見傳》云:"簡文嘗自升座説經,正見預講筵,請決疑義。"崔靈恩解析經文,《崔靈恩傳》云:"自魏歸梁,爲博士,拙樸無文采,惟解析經義,甚有情致,舊儒重之。"袁憲遞起義端,《袁憲傳》云:"憲與岑文豪同候周弘正,弘正將登講座,適憲至,即令憲樹義。時謝岐[①]、何妥並在座,遞起義端,憲辨論有餘。到溉曰:'袁君正有後矣。'"鮑少

---

① "謝岐",《國粹學報》誤作"謝歧"。

瑜辯捷如流，《鮑少瑜傳》云："鮑皦在太學，有疾，請少瑜代講。瑜善談吐，辯捷如流。"伏曼容說經，生徒數百，《伏曼容傳》云："宅在瓦官寺東，每升座講經，生徒聽者咸有數十百人。"嚴植之登席，聽者千餘，《嚴植之傳》云："植之通經學，館在潮溝，講說有區段次第。每登講，五館生畢至，聽者千餘。"此皆升座說經之證也。說經而外，兼說老、釋之書。（《梁史·顧越傳》云："武帝嘗於重雲殿自講《老子》，徐勉舉顧越論義。越音響如鐘，咸歎美之。"《戚袞傳》云："簡文在東宮置宴，玄儒之士畢講。"《馬樞傳》云："邵陵王綸講《大品經》，馬樞講《維摩》、《老子》，同日發題，道俗聽者二千人。王謂衆曰：'馬學士論義，必使屈伏，不得空具主客。'於是各起辯論，樞則轉辯不窮，論者咸服。"是梁人於六經而外，兼講老、佛也。雖爲口耳相傳之學，然開堂升座，頗與太西學校教授法相符，講學之風於斯爲盛。竊謂南朝說經之書，有講疏、如梁武帝《周易講義》、《中庸講疏》是也。義疏此體甚多，其詳見《第八册》①。二體。義疏者，筆之於書者也；講疏者，宣之於口者也。如今演說稿及學堂講義是。至隋人平陳，敦崇北學，北朝說經之書無講義一體。士尚樸訥，不復以才辯逞長，而士大夫之講學者鮮矣。然學必賴講而後明，故孔子以"學之不講"爲己憂。乃近儒不察，力斥南朝講學之風，趙氏《廿二史劄記》斥之最力。豈不惑與！

---

① 此指《國粹學報》第八册，載"當南北朝時，南北經學不同"一節。

東漢以降，學術統一，墨守陳言。其有獨闢新想者，其惟南朝之玄學乎？考"玄"字之名，出於《老子》，《老子》曰："故常無欲以觀其妙，常有欲以觀其徼。此兩者，同出而異。同謂之玄，玄之又玄，衆妙之門。"河上公注云："玄，天也。言有欲之人與無欲之人，同受氣於天。"此誤解老氏之文也。案"常無，欲以觀其妙"二語，"欲"字作"思"字、"所"字解，"常無"、"常有"爲對待之解，猶言"常無，所以觀其妙；常有，所以觀其徼"也。"兩者同出而異名"，"兩"即"有"、"無"也。"玄"者，即指有無未分之前言也。《易》言"陰陽"，即《老子》之"有無"，乃相對之辭也。又言陰陽生於太極，"太極"者，即絶點之詞也。《老子》以"有無"二字代"陰陽"，以"玄"字代"太極"，所謂真宰、真空，即"玄"之義也。佛家言"真如"，亦"玄"字之義也。"玄"與"空"同，"玄之又玄"猶言"空之又空"也，非指有欲、無欲言，故又言"玄牝"。而楊雄著書亦曰《太玄》，則"玄"字之義與《大易》所言"極深研幾"相符。玄學者，所以宅心空虚，静觀物化，融合佛老之説，而成一高尚之哲理者也。玄學之源，基於正始。正始之初，學士大夫咸崇莊老。如何晏、王弼是也。至於西晉，流風未衰，競相祖述。如《晉書》王敦見衛玠，謂長史謝鯤曰："不意永嘉之末，復聞正始之音。"又言："沙門支遁以清談著名於時，莫不崇敬，以爲造微之功，足參諸正始。"《宋史》言：羊玄保有二子，太祖謂之曰："羊令卿二子有林下正始遺風。"① 《南齊書》言："袁粲言於帝曰：'臣觀張緒，有正始遺風。'"是正始時代爲玄學起源，故干寶《晉紀論》曰："學者以老莊爲宗，而黜六經。"《晉書·儒林傳》亦曰："擯闕里之典經，習正始之餘論。"然當此之時，玄學之名僅該莊老。東晉以降，佛教日昌，學士大夫兼崇老、佛，而

---

① 《宋書》原文作："欲令卿二子有林下正始餘風。"

玄學範圍愈擴，遂與儒學並衡。昔宋何尚之定學制，析玄學、儒學爲二科，蓋倫理典制該於儒學之中，而玄學所該則哲學、宗教、心理是也。玄與儒分，此其證矣。又《齊書·劉瓛傳》云："晉尚玄言，宋尚文章，故經學不純。"[①]《宋書·王微傳》云："少陶玄風，淹雅修暢，自是正始中人。"《北史·儒林傳》亦曰：梁張譏"好玄言"[②]，亦玄學別爲一科之證。吾嘗溯玄學所從起，大約兩漢之學咸主探賾，此學術之主積極者也；魏晉之學咸主虛無，此學術之主消極者也。至何晏、王衍謂"天地萬物以無爲本"，《晉書·王衍傳》。而王弼之答裴徽也，亦曰"聖人體無"，《世說》載裴徽問王弼曰："聖人不言無，而老子申之，何也？"弼曰："聖人體無，無又不可以訓，故言必及有。老莊未免於有，恒訓其所不足。"推之劉伶上無爲之書，見《晉書·劉伶傳》。而《通鑑·魏紀》亦曰："竹林七賢見[③]崇尚虛無，輕蔑禮法。"司馬彪申無物之旨，見《莊子注》。是魏晉學術揭"無"字以爲標，由是反對此派者則又揭"有"字以爲標，此裴頠《崇有論》所由著也。《晉書》本傳。又正始以降，治玄學者矜浮誕而賤名檢，以與儒學相詆排，如阮籍作《大人先生傳》，斥世之禮法君子如蝨處褌，阮咸縱酒昏酣，而畢卓、光逸、胡母茂之、謝鯤之流俱矜高浮誕，以宅心事外云。蓋即莊、列、楊朱之樂

---

① 《南齊書》原文作："晉世以玄言方道，宋氏以文章閒業，服膺典藝，斯風不純。"

② 引文《北史》未見，見《南史》及《陳書》。

③ "見"，《資治通鑑》作"皆"。

天學派也,而儒林之士復有反對此派者,則又標禮教以爲宗,此江惇《崇檢論》、劉寔《崇讓論》所由著也。皆見《晉書》本傳,若范甯、卞壺、應詹之流,亦屬此派。是爲兩派競爭之始。東晉以降,革浮誕之習,標清遠之言,由是儒玄之爭,僅辨析學理一端而已。如應詹、顧榮辨論太極,消極、積極二派並衡,然爭辨之書不越孔、老。至孫綽、許珣栖心釋典,以釋迦貴空之論,或與老氏相符,故玄學之中隱該佛理。觀孫綽作《喻道論》,以佛爲本,以儒爲用,折衷於二者之間,然以道體爲無爲,則仍與王、何之論相合。此當日學術之一大派也。又謝慶緒注《安般守意經》,以"意"爲衆惡之萌基,欲於意念未起之時,觀心本體。若蓮社諸公,雖息心淨土,如劉遺民、宗少文、周道祖、盧仲倫、張萊民、張秀實、畢士穎諸人是。然王喬之作《三昧詩》,謂"妙用在茲,涉有覽無,神由昧澈,識以照麤",而慧遠禪師爲作詩序,謂"寂想專思,即爲三昧",又謂"思專則志一不分,想寂則氣虛神朗"。遂開李翱"復性"之先,兼生朱子"觀心"之説,此實宋明心理學之濫觴也。而宗少文亦言:"一切諸法,從意生形,必心與物絶,其神乃存。"又宗少文作《神不滅論》,飾宗教靈魂不死之説,而易靈魂爲"玄神",以爲玄神之於人,先形而生,不隨形而死,此則宗教與哲學相融,而別成爲一派者也。若何尚之答宋文帝之問,以爲政崇玄化,則俗厚刑輕,文帝以爲然,則又由玄學而推之政治學矣。且當此之時，學崇心得，偶持一義，則他人或別持一義以難之；兩説相歧，則他人或創一説以融之。如齊張融作《門律①》，謂道之與佛，"致本則同，達②迹成異"。而周彥倫則作倫以難之，謂佛教"照窮法性"，即道家"義極虛無"，當以"非有非無"爲極則。梁道士某造《三破論》排抑佛、道，而劉勰則作《滅惑論》以斥之，至謂"孔釋教殊而道契，梵漢語隔而道通③"。又齊顧歡作《夷夏論》，意在抑佛伸老，而明休烈則作論以詆之，謂孔、老設心與佛教同。非惟學術之競争，抑且宗教之競争矣。且學術既分，雖純駁不同，要皆各是其所是。如陳僧大心嵩著《無諍論》，以爲佛家三論，立説非歧，而傅宜事則著《明道論》以難之，以爲解説既異，必當分析其是非。梁范縝著《神滅論》，以不生不滅之説爲非，而蕭琛、曹思文、劉山賓咸立義以難范縝，以申不滅之旨。此皆哲理學之各立宗派者也。推之梁昭明與慧超相詢，陸法和與朱元英争辨，各持一義，互有異同，較周末諸子之自成一家言者，豈有殊哉？蓋梁代之時，心宗之説播入中邦，故玄學益精，如梁武問魏使李業興："儒玄之中，何所通達？"業興謂："少爲諸生，止習五典，至於深義，何敢通釋！"蓋以玄學爲深義也。擷佛老之精英，棄儒家之糟粕，不可謂非哲學大昌之時代也。如顧越講《老子》，邵陵王

---

① "門律"，《國粹學報》誤作"門論"。《弘明集》作"門律"。
② "達"，《弘明集》作"逢"。
③ "道通"，《弘明集》作"化通"。

講《大品經》,張譏於武德殿講《老》《莊》,是皆講佛、老之學者也。又考陸氏《經典釋文》,則爲《老子》作注者,漢時不過河上公、毌丘望①、嚴遵三家,三國六朝注之者竟四十二家。《莊子》則漢人無注,自晉至陳,注之者竟有十五家。足見其時老子學之盛行矣。若夫齊戴容作《三宗論》,何胤注《百家論》《十二門論》,劉勰定《定林寺經藏》,蕭子良著《淨住子》,足證其時佛學之盛行矣。惟老、佛之學盛行,故士大夫所辨論者,在學理而不在教宗②,與愚民之迷信道教、佛教者迴殊。故"太極無極"之論非始於濂溪,實基於梁武;《魏書·李業興傳》謂梁武以"太極有無"問業興,此亦梁代哲學之一端也。"克欲斷私"之意非始於朱子,實基於蕭子良;《淨住子》一書,其大旨在於求放心,而欲求放心,必先克抑私情以遠嗜欲。"本來面目"之説非始於陽明,實基於傅翕。傅翕著《心王銘》,謂"觀心空王","不染一物",而王陽明言"良知",亦謂"聖人之道,吾性自足"。且因學術辨争之故,而論理之學日昌,守佛典因明之律,開中邦辯學之端。故《南史》之記玄學也,或稱"義學",《何胤傳》。或稱"名理",《周彦倫傳》。豈專務清談者所能及哉?乃隋代以降,玄學式微,宋儒侈言性理,亦多引緒於南朝,惟諱其己説所從來,反斥玄學爲清虛。朱子曰:"六朝人佛學只是説,只是清言家數而已,説得來卻清虛惹厭。"餘説甚多。致南朝玄學湮没不彰,而中邦哲理之書遂不克與西人相勒,謂非後儒之罪與?故即南朝學術之派別,辨别異同,以考見當時之思想焉。

---

① "毌丘望",《國粹學報》作"母邱望"。
② "教宗",疑當作"宗教"。

由隋入唐數十年中，爲中邦學術統一之期，何則？北朝人士學崇實際，無復精微深遠之思，故詆排玄學。觀李業興對梁武帝可見。又魏、周君臣僞崇儒學，如魏孝文重儒學，建學宮，用經生，而北周又崇尚《周官》，用熊安生、沈重諸經師，皆其證也。以悅北土之民，而道、釋之書則視爲宗教，擷其粗而遺其精，故哲理之學曠然無聞。北朝學術惟顏之推正名辨物，近於名家，賈思勰著《齊民要術》，近於農家，餘咸不足觀。至於隋代，益尚儒書。蕩定南朝，屏革清談之習，故南朝玄學一蹶而不復振興。蓋儒學統一之由，一因隋文建立黌序，徵辟儒生，開皇五年，詔徵山東義學之士馬光等六人，一時經師並在朝列。故承其風者，莫不尚儒術而輕玄理；一因隋代之時以科舉取士，故士習空疏，而窮理之功致爲詩賦詞章所奪。此儒學而外，所由不立學派也。況當此之時，牛弘、牛弘治儒術，開皇朝奏開獻書之路，又修撰《五禮》百卷，爲隋代儒林之冠。二劉劉焯[①]、劉炫皆治經學，集其大成，兼通歷數。以儒學倡於朝，而文中子之徒復以儒學倡於野，王通少通六經，以聖人自居，弟子千餘人。所著之書名《文中子》，大約效揚雄《法言》，以躬行實踐爲本，尊儒術而斥異端，即唐韓愈、宋孫復等學術之所從出也。朱子稱其頗有志於聖賢之道，即指此言。唐代學派已於隋代開其端。如唐賈、孔爲諸經作疏，本於二劉；韓愈作《原道》，本於《文中子》。是唐人之學，大抵始於隋代之時也。自是以還，學術之途日狹，而好學深思之士不可復睹矣。

---

① "劉焯"，《遺書》、《國粹學報》均誤作"劉綽"，逕改。

漢代之時，立經學於學官①，爲經學統一之始。唐代之初，爲五經撰《正義》，又爲注疏。統一之始，漢崇經學，而諸子百家之學亡；唐撰《正義》，而兩漢、魏晉、南北朝之經説，凡與所用之注相背者，其説亦亡。故《正義》之學乃專守一家，舉一廢百之學也。近世以來，説經巨儒漸漸知孔氏《正義》之失。閻百詩之言曰：“秦漢大儒，專精校讎、訓詁、聲音。魏晉以來，頗改師法，《易》有王弼，《書》有僞孔，杜預之《春秋》，范甯之《穀梁》，《論語》何晏解，《爾雅》郭璞注，皆昧於聲音、訓詁，疏於校讎者也。疏於校讎，則多訛文脱字，而失聖人之本經；昧於聲音、訓詁，則不識古人語言文字，而失聖人之真意，若是則學者之大患也。隋唐以來，如劉焯、劉炫、陸德明、孔穎達等，皆好尚後儒，不知古學，於是爲義疏、爲釋文，皆不能全用漢人章句，而經學有不明矣。”臧琳《經義雜記序》。方東樹②以此文爲僞撰，恐未必然。段若膺之言曰：“魏晉間，師法尚在。南北朝時，説經義者雖多，而罕識要領。至唐人作《正義》，自以爲六藝所折衷，其去取甲乙，時或倒置。”臧琳《經義雜記序》。江艮庭之言曰：“唐初，陸、孔專守一家，又偏好晚近。《易》不用荀、虞，而用王弼；《書》不用鄭氏，而用僞孔；《左氏春秋》則舍賈、服，而用杜預。漢學之未

---

① “學官”，《遺書》、《國粹學報》均誤作“學宫”，徑改。
② “方東樹”，《國粹學報》誤作“方東澍”。

墜，惟《詩》、《禮》、《公羊》而已。《穀梁》退麋氏，而用范氏解，猶可也；《論語》用何晏，而孔、包、周、馬、鄭之注僅存；《爾雅》用郭璞，而劉、樊、孫、李之注盡亡，尤可惜者。盧侍中《禮記》注足與康成媲美，竟湮沒無傳，承斯學者，欲正經文，豈不難哉？"臧琳《經義雜記序①》。江鄭堂之言曰："唐太宗命諸儒萃章句爲注疏，惜乎孔沖遠之徒妄出己見，取去失當。《易》用輔嗣而廢康成，《書》去馬、鄭而信僞孔，《穀梁》退麋氏而進范甯，《論語》專主平叔，棄珠玉而收瓦礫。"《漢學師承記·自序》。沈小宛之言曰："孔沖遠奉勒撰定《五經正義》，以昏耄之年，任刪述之任。觀其尚江左之浮談，棄河朔之樸學，《書》、《易》則屏鄭家，《春秋》則廢服義。"先曾祖《左傳舊疏考正②序》。就諸家之說觀之，大抵謂六朝經學勝於唐人。以六朝南北學相較，則北學又勝於南，以北人宗漢學，而南人不盡宗漢學也。至沖遠作疏，始輕北而重南，傳南而遺北，而漢學始亡，其固不易之確論。然自吾觀之，則廢黜漢注，固爲唐人《正義》之大疵，然其所以貽誤後世者，則專主一家之故也。夫前儒經說，各有短長，漢儒說經豈必盡是？魏晉經學豈必盡非？即其書盡粹言，豈無千慮而一失？即其書多曲說，亦豈無千慮而一得乎？西漢儒林雖守家法，然衆

---

① "序"，《遺書》、《國粹學報》均誤作"云"，徑改。
② "考正"，下文三見，均作"考證"。按《皇清經解續編》本作"考正"。

家師説不同,紛紜各執,學官所立,未嘗偏用一家言也。北朝儒士亦恥言服、鄭之非,然當時南學尚存,北儒雖執守精專,未嘗立己説爲説經之鵠也。至沖遠作疏,始立《正義》之名,夫所謂"正義"者,即以所用之注爲正,而所舍之注爲邪,故定名之始已具委棄舊疏之心,故其例必守一家之注,有引伸而無駁詰。凡言之出於所用之注者,則奉之爲精言;凡言之非出於所用之注者,則拒之若寇敵。故所用之注雖短亦長,所舍之言雖長亦短,甚至短人之長,長己之短,故自有《正義》,而後六朝之經義失傳。且不惟六朝之説廢,即古説之存於六朝舊疏者,亦隨之而竟泯。況《正義》之書,頒之天下,凡試明經,悉衷《正義》,《舊唐書》云:貞觀七年,"頒新定五經於天下"。永徽四年,"頒孔穎達《五經正義》於天下,每年明經,依此考試"。是《正義》之所折衷者僅一家之注,而士民之所折衷者又僅一家之疏,故學術定於一尊,使説經之儒不復發揮新義,眯天下之目,錮天下之聰,此唐代以後之儒所由無心得之學也。向使沖遠作疏,不復取決於一家,兼採舊説,襃取①損益,進退衆義,不復參私意於其間,則隋唐以前之經説或不至湮没不彰。乃竟師心自用,排黜衆家,或深文周内,或顯肆雌黄,豈非儒林之恨事哉?不惟此也。沖遠《正義》非惟排

---

① "襃取",《國粹學報》作"褒取"。疑當作"衺取",猶言囊括。

黜舊説也，且掩襲前儒之舊説，以諱其所從來。阮芸臺①之言曰："唐初諸經，《正義》無不本之。南北朝人，或攘或掩，實存而名亡。"沈小宛之言曰："沖遠之書，吹毛求疵，剜肉爲創，掇前儒所駁之短以誣彼短，襲前儒所解之長以矜己長，割裂顛倒，剽竊博撢。"先曾祖《左氏傳舊疏考證序》。黃春谷之言曰："孔氏之書，進退衆義，而不復更舉其人。至如《禮記疏》間涉熊皇，而體段薈然不見；《毛詩疏》空言焯、炫，而標著閴然無聞。雖復蕭毓時陳，崔②盧偶掇，然疏中精誼之出於誰何，祗成虛粕。又況《左傳》之顛倒彌甚矣！"先曾祖《左氏傳舊疏考證序》。故先曾祖孟瞻先生作《左氏傳舊疏考證》，謂："《左傳正義》經唐人所刪定者，僅駁劉炫説百餘條，餘皆光伯述議也。""乃削去舊疏之姓，襲爲己語。""反覆根尋，得實證百餘條。"又謂："他疏上下割裂，前後矛盾，亦可援《左疏》類推。"先祖伯山先生承之，復作《周易》、《尚書舊疏考正》，而唐人乾没舊疏之跡顯豁呈露，則沖遠説經無一心得之説矣。以雷同勦説之書，而欲使天下士民奉爲圭臬，非是則黜爲異端，不可謂非學術之專制矣。故孔沖遠《五經正義》成，而後經書無異説；顏師古《五經定本》立，而後經籍無異文。非惟使經書無異説也，且將據俗説以易前言；非惟使經

---

① "臺"，《國粹學報》作"台"。
② "崔"，《國粹學報》誤作"雀"。

籍無異文也,且將據俗文以更古字。後之學者欲探尋古義,考證古文,不亦難哉?蓋唐人之學富於見聞,而短於取舍,故所輯之書不外類書一體。《括地志》者,地學之類書也;《通典》者,史學之類書也;《文苑英華》者,文學之類書也①;《法苑珠林》者,佛典之類書也。蓋富於見聞,則徵材貴博;短於取舍,則立説多訛。且既以編輯類書爲撰述,故爲經作疏亦用纂輯類書之例,而移之以説經,此《五經正義》之書所由出於勦襲,而顛倒割裂不能自成一家言也。唐人修《晉書》、《隋書》亦多出勦襲,而顏師古《前漢書》注,章懷太子《後漢書》注,其攘竊與《五經正義》同。而猶欲頒爲定式,非趨天下士民於狹陋乎?故自《五經正義》頒行,而後賈氏疏《儀禮》、《周禮》,徐氏②疏《公羊》,楊氏疏《穀梁》,亦用孔氏之例,執守一家之言,例不破注。即宋儒孫奭疏《孟子》,朱子以爲係邵武士人所作,僞託名於孫奭。邢昺疏《爾雅》、《論語》、《孝經》,咸簡質固陋,以空言相演,至與講章無殊,不可謂非孔氏啓之也。況學術既歸於統一,以遏人民之思想,則一二才智之士不得不以己意説經,而穿鑿附會之習開。故唐成伯璵作《毛詩指説》,以《詩序》爲毛公所續,遂開宋儒疑《序》之先,而趙匡、啖助、陸淳、作《春秋集傳纂例》及《春秋微旨》。盧仝韓昌黎贈之詩曰:"《春秋》三傳束

---

① 《文苑英華》宋人所纂,此處誤作唐人。
② "徐氏",《遺書》、《國粹學報》均誤作"保氏",逕改。

高閣,獨抱遺經相終始。"復掊擊三《傳》,蕩棄家法,別成一派。而玄宗又改《禮記》舊本,以《月令》爲首篇,無知妄作,莫此爲甚。即韓愈、李翺,亦作《論語筆解》,緣詞生訓,曲說日繁。此皆以己意說經之書也。蓋《正義》之失,在於信古過篤;惟信古過篤,故與之相反者即以蔑古逞奇。故唐人說經之穿鑿,不可謂非孔氏《正義》之反動力也。夫孔氏《正義》既不能持經說之平,則唐人經學之稍優者惟陸德明《經典釋文》,旁采古音,不尚執一,漢儒古注其片言隻字或賴此而僅存,豈可與孔氏之書並斥乎?又《經典釋文》而外,若李鼎祚《周易集解》彙集羣言,發明漢學,有存古之功,而李元植作《三禮音義》,王恭作《三禮義證》,亦詳於制度典章,皆唐代經生之翹楚也。自是以降,經學愈微,而學術亦日衰矣。

唐人之學,大抵長於引徵,寡於裁斷。所著之書,以劉氏《史通》、顏氏《匡謬正俗》爲最精。然唐人之學,亦有數端。一曰音韻。韻學始於齊梁,自沈約明四聲,而呂靜、夏侯該遞有述作,隋人陸法言復有《廣韻》之輯,以定南北之音。至於唐代,有長孫訥言[①]之箋,有郭知玄之坿益,而孫愐復廣加刊正,名曰《唐韻》,遂集韻學之大成。二曰地志。自盛弘之作《荊州記》,常璩作《華陽國志》,潘岳有關中之記,陸機垂洛

[①] "長孫訥言",《遺書》誤作"長孫納言",徑改。《國粹學報》不誤。

陽之書，然所詳者僅偏隅耳。至於唐代，魏王泰輯《括地志》，而李氏吉甫復撰《元和郡縣志》，於九州土宇，考其沿革，明晰辨章，並旁及山川物產，後世地志多祖之，遂集地學之大成。三曰政典。自《史記》列八書，而史官修史咸有書志一門，然皆斷代爲史，所詳者僅一代之政耳，未有酌古知今以觀其會通者。至唐，杜佑作《通典》，上起三代，下迄隋唐，勒爲一編，閱此書者可以睹往軌而知來轍，此唐人之功也。四曰史注。自裴駰①作《史記集解》，裴松之作《三國志注》，補缺匡違，厥功甚偉，惟班、范史書，注無全帙。唐人注班《書》者有顏氏師古，注范《書》者復有章懷太子賢，雖説多剿襲，然故訓賴以伸明，而遺文瑣事亦賴注文而僅傳，此又唐人之功也。然唐人所長之學尤在史書。《晉書》、《隋書》固成於唐人之手，然正史而外復有數體。一曰偏記。其體始於《楚漢春秋》及班固《高祖本紀》，若唐吳兢《貞觀政要》亦其體也。若王仁裕《天寶遺事》、李康《明皇政錄》亦此體也。一曰小録。其體始於《漢官儀》，應劭②作。若唐李吉甫《元和會計録》③，韋執誼《翰林故事》亦其體也。一曰佚事。其體始於《吳越春秋》，若唐劉肅《大唐新語》亦其體也。《唐摭言》亦然。一

---

① "裴駰"之"裴"，《國粹學報》誤作"斐"，下文"裴松之"同。
② "應劭"，《國粹學報》作"應邵"。
③ "元和會計録"，《國粹學報》同。其書未詳，疑當作《元和國計簿》，見《新唐書·藝文志》。

曰傳記。其體始於趙岐①《三輔決錄》,若唐徐堅《大隱傳》、崔元暐《義士傳》亦其體也。推之譜牒之學,唐人重譜牒之學,其詳見《唐書》各世系②表。會要之書,亦以唐代爲最詳。則有唐一代,實史學大昌之時代也。惟傳記書多雜稗官家言,言多鄙朴,采擇未精;或全搆虛詞,探幽索隱;或小慧自矜,擇言短促。綜斯三類,咸爲無益於史編,觀《稗海》及《唐代叢書》所刊之書,何一而非此類?蓋唐人之學貴博而不復貴精,此學術之所由日雜也。

唐代之時,道教盛行,然黃老精理,鮮有發揮。惟唐玄宗等有《老子注》。惟佛教甚昌,非惟成一完全之宗教也,即學術思想亦由佛學而生。蓋佛教各宗派,咸興於隋唐之間。如三論宗,雖始於苻秦③,然隋僧集藏剏爲新三論,得惠遠、智拔之傳布,而南北三論遂與北地三論殊宗,是三論宗盛於隋唐之間也。律宗雖始於北朝,然唐僧智首作《五部區分鈔》,然後分律宗爲三派,法礪、道宣、懷素之徒,各守師承,以道宣一派爲最盛,是律宗盛於唐代也。禪宗雖始於達磨,然唐僧弘忍始分南北二派,以慧能、南派。神秀北派。爲導師,而南宗復分爲七派,是禪宗盛於唐代也。净土宗雖始於東晉,然唐僧善導別創終南一派,以大宏此宗,而净土論

---

① "趙岐",《遺書》、《國粹學報》均誤作"趙歧",徑改。
② "系",《國粹學報》誤作"糸"。
③ "苻秦",《遺書》、《國粹學報》均誤作"符秦",徑改。

遂流行於世,是净土宗亦盛於唐代也。推之隋法順作《華嚴法界觀》、《五界止觀》,再傳而至賢首,賢首作《華嚴疏》,由是中國有華嚴一宗。唐不空譯《真言經》,其弟子惠果等八人從事布教,由是中國有真言一宗。唐玄奘受①唯識論於印度,其弟子窺基復作《百本疏》,以《唯識述記》爲本典,大開相宗之蘊奧,復有惠詔、窺基弟子。圓側與窺基立異者。二派之互争,由是中國有法相一宗,即天台一宗,雖慧文②、智顗③開其始,然所以別立一宗者,則智禮之力也。蓋唐人佛學由合而分,因各派之競争而真理日顯,此有唐一代所由爲佛學盛行之時代也。然唐人之信佛學,其宗派亦各不同。或崇净土,如司馬喬卿、遭母喪,刺血寫《金剛經④》,而所居廬上生芝草二莖,士大夫多傳異之,其事見《法苑珠林》。李觀、遭父喪,刺血寫《金剛般若心經》、《隨願往生經》各一卷,而異香發於院,亦見《法苑珠林》。李山龍、自言見地獄及己誦經獲報之事,見《冥報記》、《高僧傳》。樊元智、《華嚴經疏鈔⑤》稱其每誦經時,口中頻獲舍利,或放光明,照四十餘里。牛思遠、自言有異人授以神呪。于遠、《報應記》言其將終時,聞奇香。鄭牧卿、《佛祖統記》言其舉家修净業。李知遙《净土文》稱其篤志净土。等是也,大抵以福

---

① "受",《遺書》、《國粹學報》均誤作"授",徑改。
② "慧文",《遺書》、《國粹學報》均誤作"惠文",徑改。
③ "智顗",《遺書》誤作"智顯",徑改。《國粹學報》不誤。
④ "金剛經",《國粹學報》誤作"金綱經"。
⑤ "鈔",《國粹學報》作"抄"。

善禍淫之說戒導衆生，與中國墨家、墨家已言因果感應之事跡。陰陽家之言相近。或逞禪機，如龐居士、與石頭禪師即馬祖問答，機鋒迅捷，諸方不能難，見《傳燈錄·龐居士集序》。王敬初、與陳遵宿及米和尚臨濟問答，見《五燈會元》、《先覺宗乘》。陳操、與陳遵宿及齋僧問答，見《五燈會元》、《先覺宗乘》。甘行者、與黃蘗運問答，亦見《五燈會元》。張秀才與石霜諸公問答，並呈偈文，見《五燈會元》。等是也，大抵承曹溪之緒，機鋒迅捷，辯難多方，以喻言見真理，與中國名家之言相近。中國名家逞堅白異同之辯，佛家之禪機亦間有近此者。或窮玄理，如李師政著《空有論》，闡法相之精，以破凡夫之執；論中所言皆係觀空之旨，以明一切法相皆起於空。梁敬之述《止觀大義》，其言曰："止觀者，導方法之理而復於實際者也。"又曰："破一切惑，莫盛於空；建一切法，莫善於假。究竟一切性，莫大乎中。"案止觀之旨，即虛靈不昧、靜觀物化之旨也。布天台之教，以弘荆溪之專①，咸析理精微，探賾索隱。推之裴公布釋"圓覺"之精，《大方廣圓覺了義經序》曰："凡有知者必有體。"又曰：心地、菩提、法界、涅槃、清淨、真如、佛性、總持、如來藏、密嚴國及圓覺，"其實皆一心也"。又曰："終日圓②覺而未嘗圓覺者，凡夫也；欲證圓覺而未極圓覺者，菩薩也；具足圓覺而住持圓覺者，如來也。"又曰："圓覺能出一切法，一切法未嘗離圓覺。"案佛言"圓覺"，猶儒家之言"理"、言"道"，所謂"道不遠人"、"百姓日用而不知"也。李通元闡"華嚴"之旨，嘗作

---

① "專"，疑當作"傳"。

② "圓"，《遺書》、《國粹學報》均誤作"嚴"，徑改。《大方廣圓覺修多羅了義經》作"圓"。

《論釋華嚴經》,謂:"性迷即爲凡,性悟即爲佛",即王陽明言"良知"、言"障蔽"之説所本。王維善言名理,見楊慎修《隨筆》。又,維有《致魏處士書》,以闡明真空及脱塵之旨。樂天雅善清言,莫不宅心高遠,秉性清虚,窮心性之理,以寄幽遠之思,與中國道家之言相近。合三派之説觀之,惟玄理一端,洵爲有資於學術。韓愈雖以闢佛聞,然觀《原道》數篇,特以儒家之真實闢佛家之虚無,與晉裴氏《崇有論》略符,可謂闢其粗而未窺其精矣。當此之時,雖無"三教同源"之説,然柳宗元之答韓愈曰:"浮屠之教,與《易》《論語》合,雖聖人復生,不可得而斥。"李翺爲韓門弟子,著《復性論》三篇,以申《中庸》之旨,然所謂"復性滅初"者,其説即本於《莊子》,《莊子·繕性篇》云:"繕性於俗,學以求復其初,滑欲於俗,思而求致其明,謂之蒙蔽之民。"與佛家"常惺惺"及"本來面目"之説合。則唐人之學術固未有不雜佛學者矣。即北宋之初,學士大夫亦多潛心佛理。《青箱雜記》之言曰:"楊文公深達性理,精悟禪觀","丞相王公隨亦悟性理","曹司封修睦深達性理","張尚書方平尤達性理","陳文惠公亦悟性理","富文忠公尤達性理"。案所謂"性理"者,皆禪悟之偈頌也,蓋指佛家之性理言,非若道學家另標儒家性理之幟也。然道學家所言之性理實出於佛書,此又唐人重佛學之影響也。及宋儒始斥佛學爲異端,謂非道統之説有以致之歟?唐人學術大抵分爲二派,一爲宗教,一爲哲理。蓋唐人最崇老子,因之而並崇莊、列,然所以崇老子者,則仍求仙祈福之故耳，非以其哲理之高尚也。故崇方士，立道觀，設祭壇，無一不具宗教之儀式。而佛學淨土一派，其迷信宗教，亦具至堅之性，此皆思想之原於宗教者也。若夫劉、柳等之作《天論》，一主人爲天蠹，一主人定勝天，其持論與達爾文、斯賓塞相合，乃中國哲學之一大派也。韓昌黎作《原性》篇，謂性有三等，與孟、荀之言迥異，亦中國性學之成一家言者也。而楊倞注《荀子》，則引伸荀子性惡之説；李翱作《復性書》，又暗襲《莊子》復性之説，此皆思想之原於哲理者也。推之"道統"之説，始於韓昌黎，事功之學，始於陸贄、吕温，皆開宋代閩洛學及永嘉學之先聲，則唐人之學實宋學之導師矣。況《漢書》、《文選》、《説文》之學，又皆唐人專門之學哉！孰謂唐代無學術之可稱乎？

宋儒經學亦分數派，或以理說經，或以事說經，或以數說經。以理說經者，多與宋儒語録相輔。如倪天隱受《易》胡瑗作《周易口説》，而張載、司馬光咸注《易説》，程頤①、蘇軾咸作《易傳》，間引人事以説《易》。此以義理説《易》者也。黄倫《尚書精義》、胡士行《尚書詳解》，此以義理説《書》者也。蘇轍《詩經説》，此以義理説《詩》者也。張洽《春秋集説》、黄仲炎《春秋通説》、趙鵬飛《春秋經筌》，此以義理説《春秋》者也。若程頤、范祖禹、謝顯道、尹焞説《論語》，二程、尹焞、張栻②説《孟子》，程顥、楊時、游酢説《中庸》，亦以義理爲主。至於南宋，經説之儒又分朱、陸二派。治朱學者，崇義理而兼崇考證，如蔡淵、《易經訓解》等書。胡方平《啟蒙通

---

① "程頤"，《遺書》、《國粹學報》均誤作"程頣"，逕改。下文"程頤"不誤。
② "張栻"，《國粹學報》誤作"張拭"。

釋》。之於《易》,蔡沈、《書集傳①》。金履祥《尚書表注》。之於《書》,輔廣、朱鑑之於《詩》,輔作《詩童子問》,朱作《詩傳遺說》等書。黃榦、衛湜之於三《禮》,皆以朱子之書爲宗者也。治陸學者,間以心學釋經,如楊簡、王宗傳,皆作《易傳》。之於《易》,袁燮、《絜齋家塾書鈔②》。陳經《尚書詳解》。之於《書》,楊簡、《慈湖詩傳》。袁燮《絜齋毛詩經筵講義》。之於《詩》,皆以陸子之書爲宗者也。然探其旨歸,則咸以義理爲主,此宋儒經學之一派也。以事說經者,多以史證經,或引古以諷今。於《易》則有李光、《讀易詳說》。耿南仲《易經講義》。之書,蘇軾《易經》及程頤《易傳》亦多主事言。於《書》則有蘇軾、《書傳》。林之奇、《尚書全解》。鄭伯熊、《書說》。呂祖謙受業林之奇,亦作《書說》,大抵與《全解》相同。之書,於《詩》則有袁燮之書,見前。於《春秋》則有孫復、《尊王發微》。王晳、《春秋皇綱論》。胡安國、作《春秋傳》,借經文以諷時事。戴溪《春秋講義》。之書。此數書者,大抵廢棄古訓,惟長於論議,近於致用之學,此宋儒經學之又一派也。以數說經者,則大抵惑於圖象之說,如劉牧治《易》,以所學授陳搏,搏作《先天後天圖》,牧作《易數鉤隱論》,邵雍亦受③學陳搏,其子邵伯溫作《易學辨惑》。及弟子陳瓘《了翁④易說》。咸以數推《易》,而張

---

① "書集傳",《國粹學報》誤作"書集注"。
② "鈔",《國粹學報》作"抄"。
③ "受",《遺書》《國粹學報》均誤作"授",徑改。
④ "了翁",《遺書》《國粹學報》均誤作"丁翁",徑改。

浚、《紫岩易傳》。朱震、《漢上易集傳①》。程大昌、《易原》。程迥《周易古占法》。之書亦以推數爲宗。如鄭剛中②《周易③窺餘》及吳沈《易璇璣》皆理數兼崇，而朱子作《周易本義》、《周易啟蒙》亦兼言圖象，又林至《易裨傳》、朱元昇《三易備遺》、雷思齊《易圖通辨》皆以圖象説《易》者。《易經》而外，若胡瑗《洪範口義》則以象數之學説《尚書》，張宓《月令解》則以象數之學解《禮記》，言近無稽，理非徵實，此宋儒經學之又一派也。三派而外，宋儒説經之書有掊擊古訓、廢棄家法者，如馮椅《厚齋易學》、李過④《西溪易説》，此改竄《易經》之經文者也。張鈇⑤疑《書經》今文，王柏謂《洛誥》、《大誥》不足信，又王賢、鄭樵攻《詩小序》，程大昌兼攻《大序》，朱子作《詩集解》，亦棄序不用，又新采毛、鄭之説，並采三家詩。及王柏作《詩疑》，並作《二南相配圖》，於召南、鄭、衛之詩斥爲淫奔，刪削三十餘篇，並移易篇次，與古本殊，此改竄《詩經》之經文者也。劉敞治《春秋》，作《春秋權衡》、《春秋傳》、《春秋意林》及《釋例》。評論三《傳》得失，以己意爲進退，而葉夢得、作《春秋傳》、《春秋考》及《春秋讞》。高閌、作《春秋集注》。陳傅良《春秋後傳》。之書咸排斥三《傳》，棄傳言經，或雜糅三《傳》，不名一家，此蓋易《春

---

① "漢上易集傳"，《遺書》誤倒作"易上漢集傳"，徑改。《國粹學報》不誤。
② "鄭剛中"，《國粹學報》誤作"鄭朔中"。
③ "周易"，《遺书》誤作"同易"，徑改。《國粹學報》不誤。
④ "李過"，《國粹學報》誤作"李温"。
⑤ "張鈇"，疑當作"張栻"。

秋》之家法者也。汪克寬作《禮經補佚》,以爲《儀禮》有佚文;俞庭椿作《周禮復古篇》,以《周禮》五官補冬官之缺,陳友仁《周禮集説》從之。而朱子復別《學》、《庸》於戴《禮》,於《大學》則移易篇章,於《中庸》則妄分章節,此改易三《禮》之經文者也。此數書者,大抵不宗漢學,以臆解説經。惟呂大防、晁説之、呂祖謙、朱子之治《易》,主復古本;朱子、吳棫之治《書》,漸疑古文之僞;朱子作《儀禮經傳通解》,以《儀禮》爲經,則皆宋儒特識,與臆見不同,此宋儒經學之別一派也。其有折衷古訓者,如范處義、作《詩補傳》。呂祖謙、《呂氏家塾讀詩記》①。嚴粲《詩緝》。之説《詩》②,皆宗《小序》。呂祖謙、《左傳説》及《續説》。程公説《春秋分紀》。之説《春秋》③。李如圭、《儀禮集釋》。楊復《儀禮圖》。之説《禮》,以及邢昺④《孝經》、《論語》、《爾雅》疏,孫奭《孟子》疏是也,大抵長於考證,惟未能取精用弘。復有用古訓而雜以己意者,如歐陽修《毛詩本義》、崔子方《春秋本例》、李明復《春秋集義》、張淳《儀禮識誤》、敖繼公《儀禮集説》、朱申《周禮句解》是也,大抵採集古注,惟取去多乖。別有隨文演釋者,如史浩《尚書講義》、黃度《尚書説》、汪克寬《春秋胡傳纂注》是也,大抵出詞平淺,間近講章。

---

① "讀詩記",《國粹學報》作"讀書記"。
② "詩",《國粹學報》誤作"書"。
③ "春秋",《遺書》、《國粹學報》均誤作"詩",徑改。
④ "邢昺",《遺書》、《國粹學報》均誤作"邢昺",徑改。

合數派以觀之,可以知宋儒經學之不同矣。要而論之,北宋之時,荆公《新義》成一學派者也,如蔡卞《毛詩名物解》、王昭禹《周禮詳解》,以及羅願《爾雅翼》、陸佃《爾雅新義》,皆以荆公新說爲折衷,惜其書多失傳。程子之學亦自成一學派者也,凡以義理說經者,其體例皆出於二程,元明說經之書類此者,不知凡幾,近儒謂宋代經學即理學,豈不然哉?若夫劉敞《七經小傳》,鄭樵《六經奧論》,雖間失穿鑿,然立說之精亦間有出於漢儒之上者,此亦荆公之學派,非二程之學派也。若夫毛晃作《禹貢指南》,王應麟輯《三家詩》,李如圭作《儀禮釋宫》,雖擇言短促,咸有存古之功,則又近儒考證學之先聲也。近儒不察,欲並有宋一代之學術而廢之,夫豈可哉?

宋儒之學,雖多導源於佛、老,亦多與九流之說暗合,特宋儒復諱其學術所自來耳。程子言孝弟,尚躬行;朱子言主敬,訂《家禮》;而濂洛之徒莫不崇尚實踐,敦厚崇禮,此儒家之言也。以"虛明不昧"爲心,朱子《大學注》。以"明善復初"爲性,朱子《論語注》。探之茫茫,索之冥冥,此道家之言也。又毛西河《道學辨》亦以宋學出於道家,其言曰:"道家者流,自鬻子、老子而下,凡書七十八部,合五百二十五卷。雖傳布在世,而官不立學,祇以其學私相授受,以陰行其教,謂之'道學'。是以道書有《道學傳》,專載道學人,分居道觀,名曰'道士'。'士'者,學人之稱,而《琅書經》曰:'士者何?理也。自心順理,惟道之從,是名道學,又謂之理學。'逮宋陳搏以華山道士,與種放、李溉輩張大其學，竟搜道書《無極尊經》及張角《九宮》，倡'河洛'、'太極'諸教，作《道學綱宗》，而周敦頤、邵雍、程氏兄弟師之，遂纂①道教於儒書之中。至南宋，朱熹直勾史官洪摶，爲陳摶作一名臣大傳，而周程諸子，則又倡《道學總傳》於《宋史》中，使'道學'變作儒學。又曰："'道學'本道家學，兩漢始之，歷代因之。至華山而張大之，而宋人則又死心塌地以依歸之，其非聖學斷斷如也。"橫渠之論"造物"，種放之論"陰陽"，邵子《皇極經世》之書，朱子"地有四游"之說，大抵遠宗鄒衍，近則一行，此陰陽家之言也。張子作《西銘》，以民爲同胞，以物爲同與，近於"兼愛"之說，此墨家之言也。徐氏注《説文》解"仁"字，亦用墨子"兼愛"之說。朱子、陸子辯論太極，各持一説，反覆辯難，揮無窮之辯辭，求至深之名理，是爲名家之支派。宋儒尚論古人，以空理相繩，筆削口誅，有同獄吏，胡寅、朱子其尤著者也，是爲法家之支派。若夫朱子《近思錄》諸書，采掇粹言，鮮下己見，則又雜家之書也。宋人之書近於雜家者，若《鶴林玉露》之類，不下百餘種，惟非講理學之書耳。故知宋儒之學所該甚博，不可以一端盡之，乃後世特被以道學之名，而《宋史》亦特立《道學傳》，不知"道"也者，所以懸一定之準則而使人民共由者也。"道學"之名詞，僅可以該倫理。宋儒之於倫理，雖言之甚詳，然倫理而外兼言心理，旁及政治、教育，範圍甚廣，豈"道學"二字所能該乎？故稱宋學爲"道學"，不若稱宋學爲"理

---

① "纂"，《國粹學報》作"篡"。

學"也。《宋史》立《道學傳》名詞誠誤，而方氏《漢學商兌》則立言甚當①，其言曰："《宋史》特立《道學傳》，實爲見程、張、朱躬行實踐，講學明道，致廣大，盡精微，道中庸，厥功至大，實非漢唐以來諸儒所可亞，平心而論，誠天下人心之公，即以爲後來諸儒不容濫登此傳，而周、程五子固無忝矣。不知'道學'二字犯何名教？害何學術？必欲攘袂奮臂，伸②冤親仇，主鋌爲訟，首即叩其本心何居，豈非甘自外於君子、犯名教之不韙，而以惡直醜正自標揭也？君子一言以爲知，一言以爲不知，叔孫之毁，何傷日月也哉！"又曰："《宋史》創立《道學傳》，非朱子所逆睹，乃世遂援此以爲罪朱子之鐵案，豈非周內乎？"方氏之説如此，故並引之。

自近儒排斥宋明之學，而排斥最甚者莫若陸、王，夫亦不察之甚矣。自陸子以立志勵後學，陸子曰："今千百年無一人有志也，碓怪他不得。須是有志識而後有志願。"又曰："今人略有氣焰者，多只是附物，非自立也。若某即不識一字，亦須還我堂堂的做個人。"從學之士多奮發興起。及陽明創"良知"之説，以爲聖人之道，吾心自足，不假外求。蓋中國人民每以聖人爲天授，不可躋攀。自"良知"之説一昌，以爲人人良知既同，則人之得於天者亦同；人之得於天者既同，所謂堯舜與人同耳，與西儒盧梭"天賦人權"之説相符，故卑賤之民亦可反求而入道。觀陽明之學風靡東南，而泰州王心齋以鹽販而昌心學，從其學者如朱光信、韓貞之流皆崛起隴畝之間，朱爲樵夫，韓爲陶工。以化民成俗爲己任，不復以流品自拘。又何心隱縱遊粤右，苗蠻亦復

---

① "立言甚當"，《國粹學報》作"力言其當"。據文意，當以《國粹學報》爲是。

② "伸"，《國粹學報》誤作"伯"。

知書；李卓吾宅居麻城，婦女亦從講學。卓吾曰："人有男女，見非有男女也。彼爲法而來，男女不如也。"是卓吾已昌興女學、伸女權之論。雖放棄禮法，近於正始之風，然覺世之功固較漢宋之儒爲稍廣矣。即周海門、羅近溪之徒，宣究陽明、心齋之旨，直指本心，隨機立教，講壇所在，漸摩濡染，幾及萬人。使仿其法踵行之，何難收教育普及之效哉？且"良知"之說既以善良爲人之本性，己與人同此良知，則自信之心日固，凡建一議，作一事，即可任情自發，不復受旨於他人。況龍溪心齋力主"心宗"之說，故物我齊觀，死生平等，不爲外欲所移，亦不爲威權所惕。觀顔山農受①學心齋，倡遊俠②之風，以寄"物與""民胞"之旨；而東林、復社諸賢亦祖述餘姚之學，咸尚氣節，矜聲譽，高風亮節，砥柱頹波，若金正希、黃端伯之流，則又皈心禪學，然國亡之際，咸以忠義垂名，與臨難偷生者有別。其故何哉？蓋金、黃諸公咸主貴空之論，不以禍福攖其心，故任事慷慨，克以臨危而不惑。推之學，除成見則適於變通。陸子言"與溺於意見之人言最難"，與橫渠"成心忘乃可適道"之語同，故不以荆公變法爲非。以聖自期則果於自立。如陸子言"自立自重"、陽明亦言"自立爲本"是也。是處今日之中國，其足以矯正世俗之弊者，莫若唯心學派良知說之適用矣。乃輓近之儒，不察陸、王立說之原，至斥爲清

---

① "受"，《遺書》、《國粹學報》均誤作"授"，徑改。
② "俠"，《國粹學報》誤作"挾"。

淨寂滅,亦獨何哉?

元代以蒙古宅中夏,用美術導民,不復以實學導民,然元代之學術亦彬蔚可觀。許衡作《讀易私言》。《易》學折衷程子,黄澤《易》學作《易學濫①觴》諸書。師法紫陽。治《書》者咸宗蔡沈,如金履祥②作《尚書表注③》、陳櫟④《尚書纂疏》、陳師凱《蔡傳旁通》、朱祖義《尚書句解⑤》是也。治《春秋》者咸宗胡安國。如俞皋《春秋集⑥傳釋義大成》,汪克寬《胡傳纂疏》是也。治《毛詩》者有王柏之《詩疑》,删削召南、鄭、衛之詩,並移易篇次。治《禮經》者有吴澄《儀禮逸經傳》,汪克寬《禮經補佚》雜采他書之言禮者,定爲《儀禮》佚文,復區分子目。治《孝經》者有吴澄,以今文爲主,遵朱氏刊誤章目,定列經傳,雖與古説不符,或師心自用,然足徵元人經術之尚心得矣。若夫敖繼公《儀禮集説》、陳澔《禮記集説》,則又後世頒爲功令之書也。又趙汸治《春秋》,作《春秋集傳》諸書;楊燧注《詩》,作《詩傳名物考》;黄澤治《禮》,作《二禮祭祀述略》、《殷周諸侯袷⑦禘考》,則又元儒之考證學也,深寧、東發之風猶有存者。經學而外,其學術之影響亦

---

① "濫",《國粹學報》誤作"溫"。
② "金履祥",《遺書》、《國粹學報》均誤作"金履詳",徑改。
③ "注",《遺書》、《國粹學報》均誤作"汪",徑改。
④ "陳櫟",《國粹學報》誤作"陳濼"。
⑤ "解",《國粹學報》誤作"注"。
⑥ "集",《國粹學報》誤作"小"。
⑦ "袷",《遺書》誤作"祫",徑改。《國粹學報》不誤。

有及於後世者。一爲理學。自南宋以降,朱子之學僅行於南方,及許衡提倡朱學,而朱學北行,明代三原、河東之學未始非元儒開其基,其可考者一也。一爲曆①學。自蒙古西征,回曆東輸於中國,如耶律楚材作《西征庚午元②曆》,郭守敬作《授時曆》、《經儀象法式》、《二至晷影考》,李謙作《授時曆義》,札馬魯丁作《萬年曆》,是爲西域曆學輸入之始,此可考者二也。一爲數學。疇人之學湮没不彰,自元李冶作《測圓海鏡》、《益古衍段》,近世汪、焦、阮、羅諸公皆矜爲絶學。若朱世傑《四元玉鑑》③爲中國言四元者之始,郭守敬以勾股之法治河,爲中國言測量之始,下至楊雲翼《勾股機要》、彭絲《算經圖釋》亦爲有用之書,此可考者三也。一爲音學。自金韓孝彥作《四聲篇海》,於每韻之中各以字母分紐,其子道即傳其學,而王郁作《平水新刊韻略》,黃玠作《纂韻録》,均爲近代韻學之標準;又黃公紹作《古今韻會》,推求聲律之起源,欲以字聲爲主,推行外域,而熊忠作舉要,孫吾與作定正,均宗黃氏之書,此可考者四也。一爲地學。元代疆域廣闊,雖域外地志,今多失傳,然耶律楚材《西游録》,長春真人《西游記》,劉郁《西使記》,張德輝《塞北紀行》,以及

---

① "曆",《國粹學報》作"歷",下同。
② "元",《國粹學報》誤作"天"。
③ "玉鑑",《遺書》、《國粹學報》均誤作"五鑑",逕改。

《元秘史》、《聖武親征錄》諸書，均詳誌西北地理，近代講域外地理者，若張、何、龔、魏諸儒，均有詮釋，此可考者五也。蓋元代兵鋒遠及，直達歐洲①，故西方之學術因之輸布中邦，此曆數、音韻、輿地之學所由至元代而始精也。且元代之時，西人之入中國者，或任顯職，或充行人，故殊方詭俗，重譯而至。凡《元史》所言，"也里可溫"、"答失蠻"，也里可溫即景教之遺緒，答失蠻即回教之別稱，見《元史譯文證補》。則有元一代乃西學輸入中國之始，亦即西教流行中國之權輿，唐代景教至宋已微。故中國之學術受其影響，或頗改舊觀，此亦中國學術變遷之關鍵也。若夫馬端臨《文獻通考》集中國典制學之大成，陶宗儀《說郛》集中國說部之大成，劉淵作《左氏紀事本末》，則史部中紀事本末一體之始也，胡一桂作《十七史纂》，則史部中史鈔一體之始也；至於吳澂、周伯琦、吾丘②衍之治小學，胡三省之治《通鑑》，咸爲後世學者所宗，而舒天民《六藝綱目》，法良意美，尤爲童稚必讀之書，孰謂元代學術無可表見哉？惟書畫、詞曲諸學，下逮印譜、棊譜諸書，其類均屬於美術，迥與實學不同，茲不復贅。元代之詩若元好問，書法若趙子昂，均與中國之文學界有關係，亟宜表章。

　　明人之學，近人多議其空疏。艾千子之言曰："弘

---

① "洲"，《遺書》、《國粹學報》均作"州"，徑改。
② "丘"，《國粹學報》作"邱"。

治之世，邪説興起，天下無讀唐以後書①，驕心盛氣，不復考韓、歐立言之旨。"孟瓶庵曰："明人薄唐宋，又不知秦漢爲何物，隨聲附和。又以宋人爲不足學。"錢大昕曰："自宋以經義取士，守一先生之説，而空疏不學者皆得名爲經師，至明季而極矣。"又曰："儒林之名，徒爲空疏藏拙之地。"阮芸臺②曰："終明之世，學案百出，而經訓家法，寂然無聞。"江鄭堂曰："明人講學，襲語録之糟粕，不以六經爲根柢，束書不觀。"此語出於黃黎洲。此皆近人貶斥明人學術之詞。然由今觀之，殆未盡然。夫明人經學之弊，在於輯《五經四書大全》，頒爲功令，《易》、《書》、《詩》、《春秋》、《禮記》及《四書大全》，均胡廣等所輯也。所奉者宋儒一家之學，故古誼淪亡。然明儒經學亦多可觀。梅鷟作《尚書考異》，又作《尚書譜》，以辨正古文《尚書》，其持論具有根柢，則近儒閻、惠、江、王之説所由出也，而古文《尚書》之僞自此大明；若陳第《尚書疏衍》，則篤信古文，與梅立異，是猶西河、伯詩之互辯耳，此明代學術之可貴者一也。朱謀㙔作《詩故》，以《小序》首句爲主説《詩》，確宗漢詁，而馮應京作《六家詩名物考》，毛晉作《毛詩陸疏廣要》，咸引據淹博，乃近儒陳氏《毛詩稽古編》、包氏《毛詩禮徵》

---

① "天下無讀唐以後書"，艾南英《重刻羅文肅公集序》原文作："至勸天下士無讀唐以後書，又曰非三代兩漢之書不讀。"

② "臺"，《國粹學報》作"台"。

之濫觴，此明代學術之可貴者二也。朱謀㙔作《易象通》，以爲自周迄漢，治《易》者咸以象爲主，深闢陳、邵言數之説，厥後二黃及胡渭之書均闢陳、邵之圖，而惠氏、張氏治《易》均以象爲主，實則朱氏開其先，此明代學術之可貴者三也。陸粲作《左傳附注》、馮時可作《左傳釋》，均發明訓詁，根據經典，近儒顧氏、惠氏補正杜注之失，大抵取法於斯術，此明代學術之可貴者四也。方孝孺、王守仁均主復《大學》古本，近世汪中作《大學評議》，與之相同，此明代學術之可貴者五也。趙宧光、趙撝謙均治《説文》，若陳矩《説文韻譜》以韻爲綱，田藝衡《大明同文集》以諧聲之字爲部首，以從此字得聲之字爲子，則近儒黃春谷、朱駿聲"字以右旁爲聲"之説所由昉也。楊慎①作《古音叢目》、《古音獵要》、《古音餘》、《古音略例》，陳第作《毛詩古音考》、《屈宋古音義》，程元初作《周易韻叶》，張獻翼作《讀易韻考》，潘恩作《詩韻輯略》，屠峻作《楚騷協音》，雖昧於古韻分部之説，然考訂多精，則近儒顧、江、戴、孔、段、王考訂古韻所由昉也。楊慎作《六書練證》、《六書索隱》、《古文韻語》、《古音駢字奇字韻》，李氏舜臣作《古文考》，則近儒桂、段、錢、阮考證古籀、訂正金石所有昉也。王元信作《切字正譜》，陳競謀作《元音統韻》，吕維祺作《音韻日月燈》，則近儒江氏《四聲清切

---

① "楊慎"，《國粹學報》誤作"楊愃"。下同。

韻》、洪氏《示兒切語》所由昉也。又《駢雅》作於朱謀㙔，《通雅》①作於方以智，則有資於訓詁；《疊韻》譜於黃景昉，《雙聲》譜於林霍，則有裨於聲音，此明代學術之可貴者六也。黃道周作《洪範明義》，又作《表記》、《緇衣》、《坊記》、《儒行集說》，近儒莊氏說經之書，發明微言大義，多用此體，此明代學術之可貴者七也。焦竑作《經籍志》，由《通志·校讎略》上探劉氏《七略》之旨，近代浙東學派宗之，章氏作《文史》、《校讎》二通義，多采其言，此明代學術之可貴者八也。趙孟靜表章荀學，並以楊、墨之學亦出於古先王，焦竑立說略同，近儒雜治子書，如孫、汪之表墨子，汪、錢之表荀卿，皆暗師其說，此明代學術之可貴者九也。楊慎、焦竑皆深斥考亭之學，與近儒江藩、戴震之說略同，此明代學術之可貴者十也。若夫朱謀㙔校《水經注》，則全、趙、戴、董治桑經之濫觴；毛晉刊《汲古閣叢書》，則朱、畢、孫、顧校古書之嚆矢。且近儒拾掇古書，多本《永樂大典》，而《永樂大典》為明解縉等所輯之書，則近儒之學多賴明儒植其基。若轉斥明學為空疏，夫亦忘本之甚矣。

---

① "朱謀㙔通雅"，《遺書》誤倒作"朱謀通㙔雅"，徑改。《國粹學報》不誤。